LEO BUSCAGLIA

LA COPPIA AMOROSA

La sfida delle relazioni umane

Traduzione di Elisabetta Campeti

OSCAR MONDADORI

Titolo originale dell'opera: *Loving Each Other*

I edizione Ingrandimenti gennaio 1986
I edizione Oscar Bestsellers saggi giugno 1990

ISBN 88-04-39853-1

Questo volume è stato stampato
presso Mondadori Printing S.p.A.
Stabilimento NSM - Cles (TN)
Stampato in Italia - Printed in Italy

Ristampe:

15 16 17 18 19 20 21 22 23

2002 2003 2004 2005 2006

La prima edizione Bestsellers Oscar Mondadori
è stata pubblicata in concomitanza
con la sesta ristampa
di questo volume

htpp://www.mondadori.com/libri

La coppia amorosa

«Siamo angeli con un'ala soltanto:
e possiamo volare solo restando abbracciati.»
Luciano De Crescenzo

Questo libro è dedicato ai miei familiari: Vincent, Margie, Lee, Annie, Frank e Pete. E a Tullio e Rosa che sono all'origine di tutto.

È anche dedicato a coloro che mi hanno incoraggiato a scriverlo: Steven, Norma, Gary e Becky, Barbara, Charles e Peter. Sono grato anche a tutte le seicento persone che hanno risposto a un lungo e complicato questionario sulle loro personali esperienze e opinioni circa i rapporti amorosi.

Vi amo tutti!

Prefazione

Perché abbiamo tanta paura di impegnarci ad amare?

Questo è un libro sull'amore, la tenerezza, la compassione, la premura, la comunicazione, l'altruismo: i più vitali fra i comportamenti umani. Senza queste qualità la nostra vita è vuota, anche se godiamo di ottima salute, viviamo in una casa comoda e abbiamo un cospicuo conto in banca; ma nonostante ne siamo ben consci, di rado indirizziamo i nostri sforzi in questo senso. Al contrario, viviamo in una società nella quale termini come amore e impegno sono considerati retorici, assurdi e fuori moda. Gli scettici, armati di ironia e di battute taglienti, sono sempre pronti a gettare il ridicolo su chi continua a parlare di cuori infranti, di solitudine crudele e del mistico potere dell'amore.

Se ami, ti considerano ingenuo; se sei felice, frivolo oppure facilone; se sei altruista e generoso, vieni guardato con sospetto. Se sei capace di perdonare, ti giudicano debole, e se hai fiducia, uno sciocco. E se provi a essere tutte queste cose insieme, allora sono convinti che tu stia bluffando. Il prodotto di questa superficialità è una società di persone isolate e non impegnate, troppo sofisticate per ammettere la propria infelicità e confusione e troppo prigioniere del proprio ego per poter fare qualcosa per cambiarlo.

E così, a dispetto del recente proliferare della letteratura scientifica che ha dimostrato quanto essenziali siano i rapporti umani, l'isolamento si aggrava e i fondamentali valori umani si sviliscono. La capacità di stabilire un contatto coi propri simili è necessaria per produrre e per avere un atteggiamento positivo verso la vita; un contatto fisico affettuoso e una risata spontanea danno sollievo, e possono persino guarire i nostri mali: un buon rapporto umano ci aiuta a raggiungere il benessere fisico, psichico e spirituale. Filosofi e scienziati contemporanei come Ashley Montagu, Carl Rogers, A.H. Maslow, Harold Bloomfield, Elizabeth Kübler Ross, Desmond Morris, James Lynch, Theodore Isaac Rubin, Margaret Mead, Norman Cousins, David Viscott, Clark Moustakas, William Menninger, Melanie Klein, C.S. Lewis, Nathaniel Branden e altri, nei loro scritti e con le loro ricerche, hanno continuato ad affermare, nonostante le critiche, che una società incapace di soddisfare queste elementari necessità umane dei suoi membri è condannata alla rovina.

La nostra incapacità di comunicare sta raggiungendo proporzioni spaventose. Non è lontano il giorno in cui una famiglia rappresentata da entrambi i genitori sarà considerata un'eccezione. I concetti di matrimonio, di legami familiari e di amicizia durevole stanno diventando obsoleti. Un'arida promiscuità sessuale non solo è accettata come norma, ma viene addirittura consigliata per aiutare matrimoni in pericolo; il distacco emotivo, l'autoisolamento, sono prescritti per evitare il dolore. Il maltrattamento e l'abbandono di bambini e di anziani sono sempre più frequenti. Le istituzioni religiose e sociali, che nel passato avevano fornito modelli di comportamento e aiutato la socializzazione, stanno perdendo peso. L'individualismo, l'indipendenza e la libertà personale sono valutati più dell'amore, della cooperazione e dell'impegno.

Esaminare la complessa natura dell'amore reciproco (la condizione dinamica di due o più individui distinti e completi, alla ricerca di un accordo per crescere e sostenersi a vicenda in un impegno a lungo termine) non è un compito facile. È tuttavia il proposito di questo libro: mi sembra di importanza vitale, vista la scarsità di testi sulle dinamiche dell'amore reciproco. Senza queste conoscenze, continueremo a vivere insieme con odio, paura e solitudine, e a ferirci per ignoranza. Per fortuna, la scelta spetta soltanto a noi stessi.

La mia vita, come quella di tutti, è stata un intrecciarsi di rapporti, alcuni buoni, altri cattivi. Io do valore a tutti. Perché soprattutto grazie a questa serie di relazioni sono sopravvissuto durante la prima infanzia, ho superato lo stadio infantile e le difficoltà dell'adolescenza, e mi sono incamminato verso la maturità. I rapporti col prossimo sono stati per me lezioni di vita: mi hanno fatto conoscere la sconfitta, mi hanno insegnato a sopportare la perdita e a vincere la paura, mi hanno aiutato a sradicare il timore di amare e a liberare il mio spirito; ancora oggi sono la mia maggior fonte di stimolo, mi mantengono aperto, curioso e desideroso di imparare dal cambiamento. Oggi capisco più che mai l'esortazione del poeta W.H. Auden: «Dobbiamo amarci l'un l'altro o morire!».

È arrivato il momento di dimenticare i nostri meschini egoismi, di rinunciare alla paura di apparire sentimentali o ingenui e di abbandonarci al bisogno universale che ognuno di noi ha dell'altro. Perché ci sembra così difficile abbracciarci, senza timore e con trasporto, e dire: «Essere umano, prendi la mia mano di uomo»?

Una bellissima fiaba racconta di una fanciulla che cammina in un prato e vede una farfalla impigliata in un rovo. La farfalla, liberata con gran cura, sembra in procinto di volar via, ma poi ritorna indietro e si trasforma in una splendida fata. «Per ringraziarti della tua gentilezza d'animo» dicc alla fanciulla «esaudirò il tuo più grande desiderio.» La ragazzina riflette un istante prima di rispondere: «Voglio essere felice». Allora la fata si piega su di lei, le mormora qualcosa all'orecchio e scompare.

La fanciulla diventa donna e nessuno in tutto il paese è più felice di lei. Quando le chiedono il segreto della sua gioia, si limita a sorridere e dice: «Ho seguito il consiglio di una buona fata».

Gli anni passano, la fanciulla diventa vecchia e i vicini temono che il favoloso segreto possa morire con lei.

«Rivelaci che cosa ti ha detto la fatina» la scongiurano. La deliziosa vecchina, sorridendo, dice: «Mi ha rivelato che, anche se appaiono sicuri, tutti hanno bisogno di me!».

Tutti abbiamo bisogno uno dell'altro.

Preambolo

«Arriva un momento in certe relazioni
in cui, non importa quanto
sinceramente tentiamo di conciliare
le divergenze o di ricreare una parte
del passato un tempo condiviso,
la lotta diventa così dolorosa da escludere
ogni altra cosa, e il mondo
con tutta la sua bellezza,
creando un contrasto crudele,
non fa che accrescere il disagio.»
David Viscott

Se i nostri rapporti falliscono, non vuol dire che noi siamo malvagi, limitati o incompetenti. Potremmo non essere stati preparati ad affrontarli, o aver mal riposto la nostra fiducia, o avere avuto aspettative non realistiche. Non tutti i rapporti sono giusti. Finché i valori cambieranno, le prospettive si espanderanno, le nostre facciate resteranno impenetrabili e i nostri comportamenti imprevedibili, continueremo a commettere errori.

Una relazione è positiva se incoraggia una crescita ottimale del corpo, della mente e dello spirito. Se un legame diventa distruttivo, mette a repentaglio la nostra dignità, ci impedisce di crescere, ci deprime e ci demoralizza in continuazione – e abbiamo tentato in tutti i modi di impedirne il fallimento – a meno di non essere masochisti e di amare la sofferenza, dobbiamo scioglierlo.

Noi non siamo per tutti e tutti non sono per noi. Ma se non riusciamo a stare con un altro, possiamo almeno evitare di fargli del male? Possiamo trovare una maniera di coesistere?

Il mito

«Siamo stati avvelenati dalle favole.»
Anais Nin

«I miti caduti distillano veleno.»
Denis De Rougemont

«E vissero felici e contenti.»

Questo è l'eterno mito dell'amore reciproco, l'illusione che l'amore risolverà tutti i problemi della vita e ci darà una meritata, immediata ed eterna felicità. Il mito è sublime, la realtà troppo spesso feroce: ma ci piace credere nelle favole. «E vissero felici e contenti», dice Joshua Liebman, «è una delle affermazioni più tragiche della letteratura. Tragica perché implica una visione falsata della realtà, che ha portato generazioni di persone ad aspettarsi dalla vita ciò che non è possibile trovare su questa terra fragile, manchevole e imperfetta.»

Ricordo di essermi commosso guardando un'intervista televisiva di John Callaway all'attrice Helen Hayes. Seduta nel giardino della sua casa di New York, a 82 anni la signora Hayes era radiosa: la sua faccia esprimeva l'orgoglio e la forza che solo una vita piena, vissuta con dignità, può dare. Callaway le faceva domande molto personali, ma nessuna la scalfì fino a quando, alludendo al suo tempestoso matrimonio con lo scrittore Charles MacArthur, l'intervistatore insinuò che lei non avesse mai vissuto una giornata completamente felice. Lei lo guardò dritto negli occhi e molto dignitosamente rispose: «Forse mai una giornata completamente felice... ma ho conosciuto momenti di grande estasi».

Come Helen Hayes, molti di noi abbiamo conosciuto momenti di gioia nei nostri rapporti sentimentali; forse, perfino l'estasi. Ma quegli istanti sono stati inframmezzati da periodi di solitudine, confusione, tristezza e anche disperazione. E coloro che hanno successo nel gestire la propria vita sanno di non potersi aspettare molto di più. Scrive Anne Morrow Lindbergh:

> Se ami qualcuno non lo ami tutto il tempo, sempre nello stesso modo, momento per momento. Non è possibile, e non bisogna pretenderlo; eppure è proprio quello che molti di noi esigono. Abbiamo così poca fede nel flusso e riflusso della vita, dei sentimenti, dei rapporti. Corriamo felici incontro alla marea che sale e resistiamo con terrore quando se ne va: abbiamo paura di non vederla mai più tornare. Siamo fissati sulla permanenza, sulla durata e sulla continuità: mentre l'unica continuità possibile, nella vita come nell'amore, è nella crescita, nella fluidità – nell'essere liberi.

Non è un compito facile. Imparare ad amare e a dividere la propria vita con gli altri è un'arte, frutto di studio e applicazione, come quella del chirurgo, del costruttore o del grande cuoco, nessuno dei quali si sognerebbe di praticare la sua professione senza prima acquisire le conoscenze necessarie. Eppure, noi esseri umani fragili e male equipaggiati tiriamo avanti, facciamo amicizia, ci sposiamo, creiamo una famiglia con nessuna o poche risorse per aiutarci a risolvere problemi più grandi di noi. Non deve sorprenderci che relazioni intraprese con gioiosa ingenuità finiscano spesso in delusione, amarezza e sconforto. L'aura di magia degli inizi si dissolve nel faticoso processo dell'esistenza quotidiana. Ci siamo tutti innamorati follemente di sconosciuti che, dopo solo poche settimane, c'inducevano a chiederci cosa mai avessimo visto in loro. D'altronde, la quantità dilagante dei divorzi non ha bisogno di commento; secondo una statistica del gennaio 1983, in America un matrimonio su due finisce in un divorzio. Un terzo dei bambini americani vive con uno solo dei genitori naturali. Nonostante siamo circondati dalla gente, la depressione causata da sensazioni di solitudine e isolamento è, al presente, la malattia nazionale. I suicidi sono in aumento sia fra i giovani che fra gli anziani. Eppure non ci viene in mente di chiederci perché, di analizzare questa situazione desolante alla ricerca di soluzioni che ci guidino a intraprendere rapporti più pacifici e duraturi.

Una donna del Vermont mi ha scritto che dopo diciotto anni si era accorta che il suo matrimonio era vuoto, era diventato una montatura che non valeva la pena continuare. «Non ho più niente da dare», diceva. «Sono esausta. Mi sento usata. Odio gli ultimi diciotto anni, mi paiono senza significato. Disprezzo ciò che è stato fra di noi. Gli anni passati insieme non ci hanno portato in nessun luogo, hanno preso tutto e ci hanno lasciato a mani vuote. Che spreco!» Un signore del Texas mi ha scritto: «Non so cos'è successo. Ero sicuro di amarla quando ci siamo sposati. All'inizio pensavo a lei tutto il giorno. Poi, col passare del tempo, ho cominciato ad annoiarmi. Non ci sono sorprese. Non ci divertiamo più, e ogni anno abbiamo meno in comune; non mi piace stare con lei. Non aspetto il momento di tornare a casa. Per lunghi intervalli durante il giorno mi dimentico addirittura che esiste, e diventano più lunghi ogni anno. E solo quando la giornata finisce e mi tocca andare a casa da lei, mi ricordo che esiste».

Una signora anziana a una delle mie conferenze mi ha detto: «Non ho più amici: non so dove sono finiti tutti. Non so che fare. Quello che so è che non ho nessuno con cui parlare, nessuno che mi inviti fuori o mi scriva una lettera, che desideri la mia compagnia o ne abbia bisogno. Ho vissuto più a lungo di tutti i miei amici. Quello che rimane della mia famiglia è sparpagliato per tutto il paese. Ho paura di essere sola».

Recentemente, un quotidiano di Los Angeles ha pubblicato l'annuncio pubblicitario di un'agenzia che offriva di mandare a domicilio, nel giro di pochi minuti, un «amico». Questo «amico» sarebbe stato disposto a sedersi a chiacchierare con te, o a tenerti la mano se eri sofferente o moribondo. Questo amico, naturalmente, era tuo solo fino a che potevi continuare a pagarlo.

Mi hanno raccontato di una donna invalida, molto sola, che per mantenere un qualsiasi contatto umano componeva il numero di telefono del Servizio Informazioni o dell'Ora Esatta a intervalli durante la giornata.

«Almeno è una voce umana che mi parla», diceva. Adesso, anche la voce dell'Ora Esatta è computerizzata, e il Servizio Informazioni invita a non disturbare se non è necessario.

Gli ospiti abituali dei programmi televisivi con intervista attendono per ore i pochi istanti in cui potranno parlare col conduttore, e pazienza se sarà un incontro affrettato e casuale. Ci sono case dove la televisione è sempre accesa, perché «fa compagnia».

Moltissime delle lettere che ricevo parlano dell'isolamento, del dolore e della mancanza di senso di una vita senza gli altri. Il tema comune è: «Come posso stringere dei rapporti e vederli crescere, amare ed essere amato?».

Una vera storia di amore reciproco

Nel 1888, papà nacque in un piccolo villaggio nelle Alpi. Il villaggio era così minuscolo che quando, molti anni dopo, tornai a fare visita a dei parenti che vivevano ancora lì, non lo trovai sulla cartina dell'Aci.

Mamma era nata in una cittadina un po' più grande, a pochi chilometri dal paesino di papà. Era nata nello stesso anno, solo un mese prima. A quell'epoca il Piemonte era un'area collinosa coperta di vigneti, fattorie di mattoni rossi e villaggi sparpagliati, ognuno con una popolazione di poche centinaia di persone. La cittadina di mia madre poteva vantare un «castello», o quello che loro pensavano fosse un castello, ma che era in effetti una grande villa in cui viveva il «Padrone», il proprietario dell'unica fabbrica del paese. Col passare del tempo la Fiat e l'Olivetti si sono installate nella zona e ne hanno cambiato l'ambiente e l'economia, ma i villaggi non sono molto diversi. I parenti rimasti vivono ancora nelle case di famiglia, in cui sono nati Tullio e Rosa, i miei genitori; adesso hanno luce elettrica e acqua corrente, e pur tenendo le finestre aperte possono difendersi dalle invasioni estive di mosche e zanzare.

Né mamma né papà erano andati più in là delle scuole elementari, ma la scarsa istruzione non aveva impedito loro di diventare avidi lettori, rispettosi dell'educazione e della cultura. Mamma sapeva a memoria brani di D'Annunzio e di Dante; il suo romanzo preferito era *I Promessi Sposi* di Manzoni, da cui citava spesso delle frasi. Amava l'Opera, soprattutto Puccini, e Mimì era il suo personaggio preferito. Le arie deliziose di Mimì, che canticchiava senza sosta, divennero le mie ninne-nanne. Mamma aveva folti capelli castani lunghi fino in fondo alla schiena, che pettinava in una crocchia puntata sulla nuca, fatta di una treccia arrotolata e tenuta su con lunghi fermagli incrostati di madreperla. Era di bassa statura, aveva occhi grandi e profondi che, mi pare di ricordare, erano sempre traboccanti di gioia o di dolore. Era bellissima. Rideva molto e amava il cibo. Le sue passioni erano suo marito Tullio, il cibo, i dolci e i bambini. (Non necessariamente in quest'ordine!)

Papà era un bell'uomo, alto, con i capelli corvini e gli occhi scuri, la carnagione chiara e i più straordinari baffi arricciati della zona. Lavorò duro tutta la vita, e anche se ci dette molto amore e calore familiare, non riuscì mai a mantenerci molto al di sopra di un livello di povertà appena tollerabile. Aveva un'innata abilità nel divenire il capro espiatorio di bancarotte, «amici» egoisti e cattivi investimenti.

C'era uno stabilimento tessile nella cittadina della mamma nel quale quasi tutti gli abitanti lavoravano. Mamma non faceva eccezione: era una filatrice, e papà era il suo caporeparto. Il loro matrimonio fu combinato dalle famiglie. Anche se per sei giorni alla settimana lavoravano insieme, mamma – che era molto timida – non aveva mai osato guardare papà. Dato che era un mondo di uomini, papà si permetteva di guardare mamma, naturalmente. Fu lui a muovere le pedine che li avrebbero condotti all'altare, e lo fece attraverso i parenti più anziani. Quando le due famiglie si misero d'accordo, papà cominciò a essere invitato a casa di mamma per cena o per delle passeggiate. Mamma era sempre presente, ma non rimaneva mai sola con papà. Quando lui veniva in visita, lei cucinava, serviva, puliva ma non c'erano altri contatti. Anche durante quel periodo era troppo timida per sollevare il viso e guardare l'uomo che sarebbe diventato suo marito. Le altre ragazze della fabbrica le assicuravano che era molto attraente, ma lei lo guardò bene negli occhi soltanto il giorno del matrimonio (così mi ha raccontato). In quel momento pensò di aver fatto bene a sposarlo!

Papà non era certo un avventuriero, ma sapeva che la vita poteva offrire di più che non lavoro quotidiano in fabbrica, miseria e fame; persino in Piemonte si era sparsa la voce che l'America era la terra promessa e anche lui, come molti altri in quell'epoca, decise di partire. Mi stupisce sempre pensare che, se non fosse per quella decisione, io sarei ancora in Piemonte a coltivare le vigne o a lavorare in una fabbrica.

Tullio e Rosa ebbero il loro primo figlio, Vincenzo, in Italia. Dopo la sua nascita papà realizzò il suo sogno ed emigrò in America: era il 1908. Gli altri loro figli, Margherita, Carolina e Felice, nacquero negli Stati Uniti, ma i miei genitori allevarono altri quattro bambini: mamma raccoglieva bambini con la stessa naturalezza con cui papà portava a casa gatti e cani randagi.

I miei vissero insieme per 63 anni. Nel 1970, lei fu la prima ad andarsene; papà morì tre anni dopo, a 85 anni. Romantico? Vissero felici e contenti? Forse non del tutto, ma abbastanza! Le date, le cifre sono solo statistiche: quello che veramente importa è che ridevano molto, ma li ho anche visti piangere. Insieme si divertivano molto. Li ho visti sopportare periodi bui di povertà e depressione, ma ho anche potuto assistere al loro trionfo. Li ho sentiti litigare e urlare, li ho visti mostrare tenerezza, sollecitudine, partecipazione e amore; non una volta, però, li ho mai visti o sentiti, a fatti o a parole, mettere in dubbio il loro stare insieme. «Divorziare?» diceva mia madre. «Mai! Voglia di ucciderlo, spesso, ma divorzio mai!» Anche se a quel tempo non ne ero cosciente, mi stavano mostrando il funzionamento reale di un rapporto d'amore. Davano molto valore a un'unione in cui io sarei stato accolto e da cui avrei poi tratto la mia forza: una comunione in cui io, gli altri membri della famiglia e le loro famiglie e amici erano i benvenuti. Stavano modellando il mio primo rapporto d'amore.

Sconfiggere il mito

Non esiste essere o divenire senza rapporto. Fin da piccoli cresciamo sentendo il bisogno e l'importanza dei genitori. Noi esseri umani siamo dipendenti per il periodo più lungo rispetto a tutte le altre creature viventi. Alla nascita, in uno stato di totale impotenza, formiamo il nostro primo rapporto di coppia, quello madre-figlio, e da allora, più sofisticata diventa la nostra vita, più intessiamo una rete di relazioni. In un certo senso, passiamo tutta la vita a intrecciare una relazione con l'altra, in un disegno che è come una tela di ragno.

La nostra sopravvivenza stessa dipende dai nostri rapporti: se da bambini ci viene negato un incontro amoroso con altri esseri umani diventiamo psicotici, ritardati, o addirittura moriamo. Da adulti le nostre gioie più profonde e la nostra evoluzione dipendono dal nostro interagire con gli altri. Di solito diamo questo processo per scontato, e ce ne ricordiamo solo quando, tagliati fuori da qualsiasi intimità, conosciamo il distacco, sia che si tratti di morte, o di divorzio o solo di separazione temporanea. Anche se siamo coscienti del nostro disperato bisogno di relazione, quindi, passiamo la vita schiavi di un comportamento vuoto e vano il cui effetto è quello di isolarci sempre più.

Anch'io, come gli altri, ho passato la vita cercando di

capire e di creare rapporti durevoli, e ho osservato coloro che amo tentare di fare lo stesso. A volte ho avuto successo; molte delle persone con cui sono cresciuto, parenti o amici di lunga data, sono ancora parte integrante della mia vita. Ma alcune volte ho fallito: ripenso, con piacere e rimpianto, a molti individui incontrati nel passato con cui ho diviso giorni, mesi, persino anni di grande felicità e che non vedo più. Dove sono, cosa fanno, cosa pensano? Perché non sono riuscito a tenerli nella mia vita? Per fortuna, sono pochi. Ma allora era più facile o più difficile? Ricordo il quartiere di Los Angeles dove vivevo e dove sono diventato adulto. Mi torna in mente la famiglia dall'altro lato della strada in cui c'erano tanti bambini con cui giocare; ricordo il figlio del rabbino della porta accanto, e quanto siamo diventati amici. Forse sarà la mia immaginazione, ma mi pare che ci fosse molta più stabilità, molti meno spostamenti. La chiesa, la scuola, il campo giochi erano tutti posti dove si potevano fare amicizie, e queste rimanevano costanti, anno dopo anno. Formavano una rete permanente di contatti da cui ricevevamo forza e sicurezza. Tutti si conoscevano per nome, ed erano parte di una grande famiglia da cui ricevevano la propria identità di crescita.

Allan Fromme, nel suo libro *The ability to love* (La capacità di amare), descrive quella comoda epoca in via d'estinzione. Dice:

Le città sovrappopolate, dove si vive arroccati in un rettangolo di un grande edificio, sono luoghi che creano solitudine. I quartieri crollano sotto i bulldozer degli speculatori edilizi e le famiglie si disperdono ovunque alla ricerca di un lavoro o di una professione. In un mondo su ruote, i vecchi abituali raggruppamenti di persone sono scomparsi.

Persino uscire per fare la spesa una volta ci dava l'opportunità di avere dei contatti umani. Non esistevano, allora, i supermercati efficienti e onnicomprensivi, ma monotoni. Il macellaio dell'angolo, che teneva la carne tenera di vitello con cui mamma ci preparava tanti buoni piatti, ci conosceva uno per uno; il fruttivendolo ci regalava gli avanzi delle verdure per i conigli, e il salumiere da cui compravamo formaggio, prosciutto e mortadella era un amico di famiglia. Oggi, negli Stati Uniti, quaranta milioni di persone all'anno cambiano casa. Traslocano in città impersonali dove si sentono orgogliosi di aver raggiunto la privacy, dato che non conoscono neanche i vicini. Hanno paura che gli altri invadano il loro territorio e nel contempo sperano che ci sia qualcuno che lo faccia.

Ho letto di recente di un ragazzo sulla ventina che è stato trovato morto in un appartamento vicino al campus dell'Università di Miami, dove studiava. Era stato visto per l'ultima volta prima del giorno del Ringraziamento. Quando lo trovarono era morto da due mesi: nessuno aveva sentito la sua mancanza neanche per Natale. Sulla porta di casa sua c'erano due avvisi di sfratto e la televisione era ancora accesa.

Al giorno d'oggi non osiamo neppure camminare sui nostri marciapiedi ostili; sicurezza vuol dire elaborati sistemi di allarme, guardie armate e palazzi da cui possiamo entrare e uscire in un ascensore che ci porta diret-

tamente in salotto, e ci protegge da qualsiasi incontro, sia buono che cattivo. Vengono meno le occasioni di avere contatti personali e di stringere relazioni significative. Alcuni di noi hanno amici a cui tengono e che incontrano ogni giorno nel luogo di lavoro; ma in una città come Los Angeles, per esempio, può succedere che vivano a cinquanta chilometri di distanza. Com'è possibile avere dei rapporti profondi quando le opportunità sono così rare?
Anche se molti di noi passano ore a discutere questo fenomeno di «apatia comunitaria», facciamo di rado qualcosa per cambiarla. Piuttosto passiamo il tempo soffermandoci sulle nostre sensazioni di vuoto, alienazione, isolamento, privazione, ci lamentiamo dell'indifferenza e dell'ostilità di quelli intorno a noi e della società che le perpetua.

Pur essendo basilari per vivere e crescere in buona salute, i rapporti d'amore richiedono molta abilità. Perché riescano, dobbiamo capire meglio come funzionano, cosa significano e come ciò che diciamo o facciamo può migliorarli o distruggerli. Dobbiamo essere disposti a investire energia per esaminare sia le relazioni fallite che quelle positive. I rapporti d'amore non possono essere presi alla leggera. Se non desideriamo soffrire, non dobbiamo mai più affrontarli con spirito pionieristico. Troppi di noi hanno sperimentato il costo di questi approcci approssimativi in termini di lacrime, di confusione e di colpa. Riferendosi specificamente al matrimonio, Carl Rogers ha detto:

...anche se il matrimonio moderno è un terribile laboratorio, i suoi membri sono spesso del tutto impreparati alla funzione di partner. Molta angoscia, rimorso e frustrazione potrebbero essere evitati se ci fosse stata perlomeno un'istruzione rudimentale prima di entrare a far parte della coppia.

E questa constatazione è ugualmente valida per *tutti* i tipi di rapporto.

Uno studio

«L'uomo non è che una rete di relazioni
e solo queste gli importano.»
St. Exupéry

«Questo vi ordino, di amarvi l'un l'altro.»
Giovanni 15:17

Gli studi, formali e informali, condotti sulle relazioni umane negli scorsi anni, hanno contribuito ad aumentare la mia fede nella complessità, nella commedia e nel mistero del comportamento umano. Siamo così buffi. Siamo un grande enigma, così imprevedibili, vulnerabili, meravigliosi e unici. La maggior parte degli studi concorda che sicurezza, gioia e successo nella vita sono direttamente correlati alla nostra capacità di intessere rapporti responsabili, caldi e profondi. L'esperienza ci insegna che l'impossibilità di vivere in armonia con gli altri provoca paura, ansia, sensazione di isolamento e gravi malattie mentali. Eppure, anche dopo tanti dolorosi fallimenti, solo pochi di noi hanno cercato di chiarificare il problema; e anche chi è bisognoso di intimità e comprensione scopre, nel corso di questa ricerca, che ci sono pochi posti dove rivolgersi per essere aiutati.

C'è una storiella divertente su un giovanotto che vuole imparare a migliorare la sua capacità di comunicare con gli altri. Va in una libreria e cerca in tutti i modi di trovare qualcosa che gli possa servire. Finalmente trova un libro che pare faccia al caso suo. È intitolato *How to Hug* («Come abbracciare»). Quando ritorna a casa scopre di aver comprato il nono volume di un'enciclopedia!

Se non riusciamo a trovare aiuto, continuiamo a restare intrappolati in relazioni dolorose e insoddisfacenti, la cui stessa natura assorbe tutta la nostra energia e ci ostacola nel nostro sviluppo. Spesso ci rendiamo conto che ci mancano forza, creatività e conoscenze per far fronte alle sottili e complesse esigenze di una relazione. Dopo secoli di rapporti umani, i bambini si ribellano ancora contro i loro genitori e litigano con i fratelli; le coppie appena sposate considerano i genitori e i suoceri ostacoli alla loro indipendenza. Padri e madri accusano i figli di essere degli ingrati. I mariti trascurano le mogli e cercano distrazioni altrove. Le mogli s'innamorano degli eroi degli sceneggiati televisivi, che portano romanticismo ed eccitazione nel vuoto della loro vita. I lavoratori spesso detestano i loro capi e i loro colleghi e si riducono a una convivenza penosa giorno dopo giorno; su grande scala, i padroni non riescono a trovare un accordo con la forza-lavoro. Ognuno dei due gruppi accusa l'altro di essere meschino, irragionevole e di badare solo ai propri interessi. I gruppi religiosi si chiudono spesso in un loro piccolo dogma provinciale, fonte di odio e di vendetta nel nome del Signore. Le nazioni combattono alla cieca, sotto l'ombra incombente dell'annullamento globale, per la realizzazione dei loro diritti. Membri di un gruppo fanno risalire ai membri di un gruppo rivale la colpa della loro frustrazione, impotenza, immobilismo e scarso sviluppo.

Ovviamente il passare del tempo non ci ha insegnato molto. La verità è che noi non nasciamo con un particolare talento per comunicare, ma lo dobbiamo apprendere. Noi siamo i maestri della prossima generazione. Saremo noi a perpetuare la confusione e l'alienazione che ci impediscono di trovare nuove alternative. Tocca a noi scoprire con diligenza nuove soluzioni e nuovi schemi, strade che portano alla crescita, alla speranza e alla coesistenza pacifica. Qualunque cosa abbiamo imparato può essere cancellata, e appresa di nuovo: la nostra vera speranza è nel *cambiamento.*

Per anni sono stato frustrato dalla mancanza di interesse verso i rapporti umani, e a un certo punto ho deciso di fare qualcosa in proposito. Ho iniziato a studiare gli artefici delle relazioni. Da chi meglio che da loro possiamo scoprire cosa porta al successo e cosa al fallimento nei rapporti umani? Speravo così di far luce sul modo in cui possiamo raccogliere la sfida e l'impegno di amarci reciprocamente.

Ho mandato in giro un questionario piuttosto vasto, richiedendo un contributo sul soggetto delle relazioni umane. Conteneva domande precise e generali, di modo che gli intervistati, oltre a dare risposte specifiche, avrebbero anche avuto l'opportunità di elaborarle. Ai fini della ricerca, definii così una relazione:

Un'unione socialmente riconosciuta, stabile e reciproca, che risponde a certi bisogni degli individui coinvolti e della società nella quale vivono.

Dopo le solite informazioni demografiche, le domande riguardavano due aree:

1. Una relazione primaria, descritta come la persona più vicina, con cui al presente scegli o sei obbligato ad avere un rapporto continuo nell'ambito della tua vita quotidiana.

2. Una relazione secondaria, descritta come la persona con cui scegli o sei obbligato ad avere un rapporto regolare ma con un minor grado di intensità e frequenza della tua relazione primaria.

Gli intervistati dovevano elencare le qualità che secondo loro erano più positive in un rapporto d'amore e di crescita, e quelle più distruttive. In più, a ognuno di loro erano chiesti una definizione di «rapporto amoroso» e un consiglio per quelli impegnati a costruirlo.

Mille questionari furono spediti a caso a uomini e donne che mi avevano scritto richiedendo informazioni sulle dinamiche del rapporto amoroso. Ricevemmo oltre il 60 per cento di risposte, il che indicava un grande interesse per l'argomento.

Prima di procedere nell'analisi dei risultati, sarebbe interessante che tu, lettore, conduca la tua inchiesta personale, per imparare qualcosa su te stesso, le tue esigenze e le tue aspettative. Le domande del questionario sono riprodotte qui di seguito: rispondi subito prima di riprendere la lettura.

1. Qual è la tua relazione d'amore primaria?
2. Nomina le tre qualità secondo te più favorevoli alla crescita di questo rapporto.

3. Nomina le tre qualità più distruttive per un rapporto d'amore.
4. Qual è la tua più importante relazione secondaria? (genitore, coniuge, figlio, ecc.)
5. Nomina le tre qualità più favorevoli alla crescita di questo rapporto.
6. Descrivi il tuo rapporto amoroso ideale.
7. Dài un consiglio, basato sulla tua esperienza, a qualcuno che instaura per la prima volta un rapporto d'amore primario.

Tornarono indietro oltre seicento questionari regolarmente compilati, con una varietà di risposte da cui trarre conclusioni significative. Due terzi degli intervistati erano donne, la maggior parte fra i 30 e i 60 anni. Centootto ne avevano meno di 30, settantasei più di 61. Il livello medio di istruzione era straordinariamente alto, forse perché il questionario era stato inviato a un campione selezionato di persone che avevano scritto per ulteriori informazioni sui rapporti umani, quindi già orientate verso la conoscenza e l'accrescimento di se stessi. Tutti avevano perlomeno un diploma di scuola media superiore. Centotredici erano laureati e novantasei avevano seguito ulteriori corsi di specializzazione.

È ovvio che le persone interpellate in questa ricerca formavano un segmento decisamente unico nella popolazione; se fosse stato interpellato un gruppo di più basso livello culturale ed economico, le reazioni sarebbero state differenti. Per esempio, in simili ricerche sociologiche condotte fra i meno abbienti della nostra società, fattori come la sicurezza finanziaria, la sessualità, e la lotta quotidiana per la sopravvivenza erano stati giudicati fondamentali per la riuscita dei rapporti amorosi. Sarebbe importante ripetere queste ricerche su una varietà di campioni diversi.

Più di due terzi degli intervistati dichiarò di avere una relazione primaria con il coniuge. Gli altri indicarono membri della famiglia, la madre, il padre, la sorella, il fratello o i figli come loro relazione primaria. Un secondo gruppo consistente dichiarò di non essere sposato, ma di avere un rapporto primario con una persona del sesso opposto. Alcuni avevano creato quello che definivano come un rapporto omosessuale significativo. Una percentuale molto piccola affermò di avere una relazione primaria con se stessi; alcuni menzionarono animali domestici, come gatti, cani o uccellini. Solo nove persone risposero che al momento non avevano una relazione primaria con nessuno.

La grande maggioranza aveva avuto un'unica relazione primaria per una durata di undici-venticinque anni. E un grosso gruppo di novanta persone aveva vissuto col partner per più di venticinque anni. Meno di un terzo degli interpellati era divorziato e di questi la maggioranza era alla ricerca di una relazione più duratura o stava passando attraverso un periodo «di recupero».

Alla domanda «quali fossero le tre qualità essenziali alla crescita dell'amore in una relazione primaria», la popolazione esaminata in questa ricerca rispose che le tre qualità più importanti erano, in ordine:

Comunicativa
Affetto
Compassione/perdono
Onestà
Accettazione
Fiducia
Senso dell'umorismo
Romanticismo (sesso incluso)
Pazienza
Libertà

È interessante notare che comunicativa, affetto, perdono e onestà erano stati menzionati come le qualità più importanti da più dell'85 per cento di tutti gli interpellati! La comunicativa veniva definita come disponibilità a essere aperti, partecipare e interessarsi, parlare e ascoltarsi reciprocamente.

L'affetto era vissuto come sollecitudine, comprensione, rispetto, vicinanza sia fisica che psicologica, gentilezza e attenzione reciproca. La maggior parte degli intervistati aveva ben chiara in mente la separazione fra affetto e romanticismo e sesso, che, particolare interessante, rientravano fra le tre qualità elencate relativamente meno importanti.

La compassione, la terza qualità più «votata», era definita come la capacità di essere empatici, di perdonare, di saper dare un sostegno generoso.

L'onestà, quasi alla pari della compassione come terza scelta, era descritta come la facoltà di rivelare i propri sentimenti più autentici, di verbalizzare paure, rabbie, rimpianti e aspettative.

A questo stesso gruppo era stato chiesto di identificare quei tratti o qualità considerati più distruttivi per un rapporto d'amore e di crescita; i risultati erano molto consistenti, dato che riflettevano gli aspetti negativi opposti all'elenco delle qualità.

Le qualità più distruttive per un rapporto amoroso e di crescita erano, in ordine:

Mancanza di comunicativa
Egoismo/incapacità di perdono
Disonestà
Gelosia
Sfiducia
Perfezionismo
Mancanza di flessibilità (non aperto ai cambiamenti)
Incomprensione
Scarso rispetto
Apatia

È interessante notare che in testa a entrambe le elencazioni c'era la qualità comunicativa, scelta da più dell'85 per cento come il tratto più propizio all'amore e il più distruttivo quando è assente.

Le elencazioni si confermavano a vicenda, con qualità come onestà, affetto, compassione e accettazione, che apparivano essenziali su entrambe.

Questi risultati indicavano una riflessione degli interpellati sulle loro risposte, e un alto grado di interesse.

Spesso, quando consideriamo il termine «rapporto»

ci limitiamo a pensare a un gruppo ristretto, cioè un uomo e una donna fidanzati o sposati, e ignoriamo le miriadi di possibili relazioni dinamiche e vitali, come madre-padre-figlio-figlia-cugini-zii-nonni-parenti acquisiti-colleghi, e tante altre. Partiamo dal presupposto che questi siano rapporti «differenti» e quindi richiedano facoltà diverse da quelle di cui abbiamo bisogno in una relazione primaria di successo. Proprio per controllare questa tendenza il questionario richiedeva un'analisi della propria relazione secondaria e di nuovo un'elencazione dei tratti positivi per la crescita di un rapporto e di quelli distruttivi. Non è stato sorprendente scoprire che le qualità necessarie alla crescita di ogni rapporto erano *le stesse per tutti* ed erano diverse soltanto in *gradazione*, non nel *genere*.

La comunicativa era ancora una volta menzionata come il più grande atout per le relazioni secondarie. La seguivano: onestà, accettazione, perdono, considerazione/interesse, comprensione, affetto, rispetto, capacità di condividere e senso dell'umorismo.

Le qualità più dannose per una buona relazione secondaria erano, in ordine: mancanza di comunicativa, disonestà, egocentrismo/incapacità di perdono, mancanza di tempo, sfiducia, gelosia, apatia, mancanza di affetto, incomprensione ed eccesso di giudizio.

È quindi evidente che i comportamenti e le qualità che accrescono *tutte* le relazioni amorose fra gli esseri umani sono gli stessi. Se desideriamo avvicinarci alle nostre mogli, mariti, amanti, bambini, colleghi, vicini, o chiunque altro, questo richiede gli stessi strumenti, gli stessi modi di essere, le stesse qualità. Sarebbe quindi saggio osservarli più da vicino perché se vogliamo amarci reciprocamente, vincere la solitudine e dividere giorno dopo giorno le nostre vite in pace e in gioia, dobbiamo capirne le dinamiche: la discussione su queste qualità è la base e lo scopo di questo libro.

I

UN RAPPORTO D'AMORE

«La tenerezza emerge dal fatto che due persone, come tutti quelli che desiderano superare la solitudine e l'isolamento insiti nella nostra natura di individui, possano prender parte a un rapporto non di due io separati, ma a un'unione.»

Rollo May

«Cos'è successo?» le chiesi, «dopo tanto tempo insieme?»

«Non so» rispose. «Veramente non lo so.»

Questo dialogo pare inconcepibile. Tutti noi siamo parti attive di rapporti d'amore, eppure dedichiamo troppo poco tempo a scoprire le dinamiche attraverso le quali funzionano. Ogni giorno abbiamo a che fare con persone significative per i nostri affetti e il nostro benessere, mogli e mariti, figli e figlie, e trattiamo i nostri incontri con spensierata disinvoltura. Spesso ignoriamo che abbiano un peso sulla nostra vita; non pensiamo al fatto che possono farci ridere o piangere, renderci felici o disperati. Lo stesso atteggiamento troppo noncurante mina dall'interno i rapporti con colleghi, vicini e amici: siamo sicuri che i nostri rapporti umani si risolveranno da soli.

Molti di noi non si sono mai sentiti in dovere di esaminare i propri contatti con gli altri e rendersi conto che ciò che sentiamo, diciamo o facciamo li influenza. Bisogna prendere in mano la situazione. Il modo in cui ci mettiamo in relazione con gli altri influenza la nostra salute mentale, il nostro ruolo familiare e sociale, le nostre amicizie, gli amori e i gruppi a cui apparteniamo.

Anche se per tutta la vita ho considerato i rapporti d'amore di importanza fondamentale, ho cominciato a studiarli solo da dodici anni. Non sembra molto tempo; ma dopo aver passato in rivista il deludente e scarso materiale sull'argomento ed essermi informato da altri sulla quantità di energia impiegata in questo compito, anche dodici anni paiono un lasso di tempo considerevole.

Il mio interesse per i rapporti amorosi mi ha portato a impegnarmi in ricerche sia formali che determinate dalle circostanze e dal caso; quando mi capita di trovare qualcuno che, come me, cerca il contatto con gli altri a diversi livelli, mi dedico volentieri a una ricerca informale. Oltretutto, è anche un buon sistema per intraprendere una conversazione stimolante. Quando m'informo se si sentono felici e appagati dalle loro attuali relazioni, ottengo di solito risposte sorprendenti. Le più comuni sono: «Credo di sì», «Ogni tanto», «Non ci ho mai pensato», «Tiro avanti», «Alti e bassi: d'altronde, cosa posso aspettarmi di più?».

Non molto stimolanti o ispirate. È deprimente accorgersi che pochissimi rispondono «sì» senza tentennamenti.

Continuo chiedendo se abbiano mai ricercato una preparazione formale sull'argomento, o se ci abbiano pensato seriamente. Le reazioni a questa domanda variano da «Conoscenza dei rapporti umani? Come ci si arriva?» e «Beh, ci ho pensato, e immagino di cavarmela più o meno come gli altri» a «Studiare i rapporti d'amore? Si formano e poi se ne soffrono le conseguenze».

Mi viene spontaneo domandarmi se a questi stessi individui parrebbe sensato buttarsi a mare volontariamente senza saper nuotare. Mi chiedo perché sopportino di continuare anno dopo anno con relazioni infelici e frustranti quando il loro orizzonte potrebbe essere diverso. Forse non li sfiora il sospetto che i rapporti siano suscettibili di cambiamento e di crescita, e possano generare grandi quantità di calore, affetto e sicurezza. Ovviamente essi non si rendono conto del fatto che un rapporto d'amore ci nutre come nessun'altra forma di interazione umana, e dà alla nostra vita il suo significato fondamentale.

Per elaborare queste domande in modo più accademico, mi son servito del questionario di cui ho detto prima. Ho chiesto agli interpellati di fornire una definizione di rapporto d'amore. Le reazioni sono state spesso eccellenti, sensibili e coscienziose. Alcuni si sono rifiutati di rispondere; molti altri si sono complimentati per il valore educativo di una simile domanda e sono stati felici di raccogliere la sfida. Per esempio, uno ha detto: «Mi avete dato la possibilità di esprimere in concreto tutto quello che avevo dato per scontato durante lunghi anni di infelicità». Un altro ha commentato: «Non posso credere quanto sia stato difficile definire in pensieri e parole azioni ripetute per cinquantadue anni».

È facile evitare di pensare seriamente a concetti di amore e relazione con la scusa che sono fenomeni naturali e si risolveranno da soli; prima di leggere le reazioni seguenti, forse ognuno di voi vorrà avere il tempo per definire un rapporto d'amore secondo il suo punto di vista.

Come definite un rapporto d'amore?

* * *

Come gli interpellati hanno definito un rapporto d'amore?

- Un rapporto d'amore si crea quando ci si mette insieme per scelta e si ama una persona in cui anche l'imperfezione è vista come una possibilità, quindi una cosa bella; quando scoperta, conflitto e accettazione sono le basi di crescita e meraviglia continue.

- Un rapporto d'amore è quello in cui fra due individui esiste una tale fiducia reciproca da poter essere vulnerabili, sicuri che l'altro non ne approfitta né ci dà per scontati. È comunicazione totale, complicità e tenerezza.

- Un rapporto d'amore è quello in cui si può essere aperti e onesti con l'altro, senza paura di venire giudicati. È la sicurezza che l'altro sia il proprio migliore amico, e qualunque cosa accada ci dia aiuto e sostegno.

• Un rapporto d'amore è quello in cui gli individui che ne fanno parte capiscono e accettano le reciproche differenze e incoraggiano l'altro a uscire da sé e a partecipare di tutta la bellezza e l'amore possibili.

• Un rapporto d'amore è quello in cui ci si accetta completamente l'un l'altro.

• Un rapporto d'amore è quello in cui i confini fra diritti, oggetti, pensieri, emozioni e perfino azioni individuali si confondono; e non è importante perché dividiamo tutto ciò che è umanamente possibile e abbiamo gli stessi fini ultimi.

• Un rapporto d'amore è un'esperienza dinamica, mistica e concreta, un fine di per se stessa piuttosto che il mezzo per un fine, dove non ci sono aspettative ma un profondo apprezzamento del rapporto per il suo valore intrinseco, le sue possibilità, la sua bellezza e verità nell'esperienza comune.

• Un rapporto d'amore è quello in cui esiste un interesse comune per la crescita e il progresso di ciascuno, dove non si è possessivi ma si aiuta l'altro a essere se stesso, dove l'egoismo cede il passo all'offerta disinteressata, alla sollecitudine e alla partecipazione, dove i canali di comunicazione si mantengono aperti e il lato buono di ognuno viene massimizzato e quello negativo minimizzato.

• Un rapporto d'amore è quello in cui ciascuno si impegna senza timori a conoscere se stesso e l'altro, e a essere sensibile ai problemi dell'altro, ricordandosi che nessuno è perfetto ma che l'amore è perfetto e quindi, in quanto strumento-base di una relazione, può risolverla.

• Un rapporto d'amore vuol dire accettare l'altro senza condizioni, aiutarlo a raggiungere i suoi scopi e incoraggiarlo a crescere; essere amici fidati e divertirsi insieme.

• Un rapporto d'amore porta conforto attraverso la silenziosa presenza di un altro con cui dividere fiducia, onestà, ammirazione, devozione, e quel brivido speciale di felicità derivato dal sentirsi vicini.

• Un rapporto d'amore è fatto di accettazione e fiducia che creano una calda sensazione di sicurezza e soddisfazione. Offre supporto e forza illimitati dai quali poter trarre beneficio.

• Un rapporto d'amore è uno scambio non richiesto di interesse e affetto, basati su totale onestà e comunicazione senza sfruttamento.

• Un rapporto d'amore *non* è definito dalla durata, ma dalla qualità dell'affetto. Al meglio, è un salutare scambio di pensieri, emozioni ed esperienze. È la *casa dell'anima*: un luogo dove possiamo essere noi stessi ed esplorare i nostri desideri più intimi e profondi, le nostre speranze e le nostre gioie senza paura di condanne, repulsione o abbandono. È un ambiente dove rilassarsi e trovare conforto e forza per combattere la lotta quotidiana.

• Un rapporto d'amore è quello in cui l'amato è libero di essere se stesso – di ridere con me, ma non di me; di piangere con me, ma mai per causa mia; di amare la vita, se stesso e l'amore: è fondato sulla libertà e non può crescere in un cuore geloso.

• Un rapporto d'amore è quello in cui entrambi i partner si sentono così amati, accettati e sicuri da condividere i loro più intimi sentimenti, sogni, fallimenti e successi, senza riserve. È una relazione nata dal rispetto e rivestita di dignità, dove lacrime e sorrisi sono di uguale importanza, e che senza sosta nutre e sostiene la crescita.

• Un rapporto d'amore è una «casa» ideale: dentro, puoi essere totalmente te stesso, essere accettato, capito, ricevere fiducia e rispetto come una persona di valore. È un ambiente che offre cura e sicurezza, dove si dividono speranze e paure e si viene incoraggiati a superare i propri limiti.

• Un rapporto d'amore è desiderio di celebrare, comunicare e conoscere il cuore e l'anima di un altro.

• Un rapporto d'amore è la capacità di essere onesti e sinceri come bambini e di esprimersi con la stessa fiducia aperta e spontanea.

• Un rapporto d'amore è quello in cui ognuno vede l'altro non come un'estensione del proprio io ma come un individuo unico, meraviglioso e in cambiamento perpetuo: una situazione in cui ci si offre l'uno all'altro, in cui due identità si fondono senza timore di smarrirsi.

• Un rapporto d'amore è un legame reciproco, attivo e mutevole che permette, incoraggia e in un certo senso esige la messa in gioco di tutte le qualità necessarie perché l'amato sia tutto ciò che può essere.

È ovvio, e stimolante, che siamo noi a definire i nostri rapporti d'amore, come d'altronde ogni cosa. Importa non tanto ciò che la definizione include, ma quello che è definito nella nostra mente e accettato da chi è in relazione con noi. Per alcuni, un rapporto richiede totale onestà, fiducia e impegno, mentre per altri un coinvolgimento meno restrittivo sarà di importanza fondamentale. Sarebbe bene pensare alla costellazione di possibilità suggerite dall'invito «Entra nella mia vita. Ti amo».

II

AMARSI ATTRAVERSO LA COMUNICAZIONE

«Abbiamo inventato sistemi di comunicazione per permettere
a un uomo sulla terra di parlare con un uomo sulla luna.
Ma spesso, la madre non sa parlare con la figlia,
il padre con il figlio, il bianco col nero,
i lavoratori coi padroni e la democrazia col comunismo.»

Hadley Read

La comunicativa, l'arte di parlarsi e dire con chiarezza ciò che si intende e si sente, di ascoltare l'altro ed essere sicuri di aver capito bene, è da tutti i punti di vista la capacità principale per creare e mantenere un rapporto d'amore.

Nel suo discorso di ringraziamento per il Premio Nobel 1950, il grande autore americano William Faulkner disse:

> Credo che, quando il tocco dell'ultima campana del destino sarà svanito dall'ultima infima roccia appesa all'ultima sera rossa e moribonda, perfino allora e là, ci sarà un suono: quello della voce, sparuta e inesauribile, dell'uomo, che ancora parla.

È indubbio che Faulkner aveva ragione. Il mondo è pieno di discorsi. Continuamente, anche quando dormiamo, siamo impegnati in qualche tipo di comunicazione, soprattutto verbale (anche se solo con noi stessi). Parliamo di gioia, di odio, di paura, di pace, di dolore, di colpa, di speranza, di minaccia, di rimpianto, di estetica, di invidia, di spregio, di pura informazione e, si spera, in mezzo a tutto questo, anche d'amore. Come continua Faulkner nel suo discorso, la speranza è giustificata:

...non solo perché l'uomo, unico fra le creature, ha una voce inesauribile, ma perché ha un'anima e uno spirito capaci di compassione, sacrificio e perseveranza.

Le parole di compassione, di sacrificio, di impegno, anche se udite troppo raramente, restano la materia più preziosa di un rapporto d'amore.

Diversi anni fa, quando tenevo il mio corso di Amore, avevamo deciso di tentare un esperimento. Ci eravamo messi d'accordo di avvicinare le persone importanti della nostra vita e dire loro che «veramente le amavamo e le apprezzavamo». Scoprimmo che quello che in superficie appariva semplice e naturale, era molto più difficile di come ce l'eravamo immaginato. La maggior parte degli studenti si sentivano confusi e a disagio nell'esprimere l'amore; molti non riuscirono mai a portare a termine l'incarico. Quando ci ritrovammo a discutere le nostre esperienze ci parve strano che così tanti di noi si fossero sentiti imbarazzati perché dovevano dire parole d'amore! Eppure, avevamo davanti agli occhi il motivo per cui queste si sentono così raramente, o sono pronunciate a bassa voce. Sappiamo che l'amore inespresso è la causa principale di rimpianti e dolore: eppure, solo di fronte alla morte ci preoccupiamo di onorare gli altri in pubblico e di esprimere affetto e riconoscenza per ciò che hanno fatto per noi.

Come ho già detto altre volte, sono stato tanto fortunato da nascere in una famiglia dove si parlava spesso d'amore. Non erano sempre parole dolci e gentili. Mamma parlava a voce alta; anzi, direi, gridava spesso. Non conosceva il consiglio dei dotti psicologi: «Non urlate e non picchiate i vostri figli, perché le ferite, verbali o psichiche, lasciano cicatrici perenni». L'ho sentita proferire minacce tipo «ti spacco la faccia!», cosa che, devo ammettere, ha fatto in qualche occasione: mi porto dietro un incisivo rotto che lo testimonia. La sua espressione americana preferita (non ho mai capito perché, o dove l'avesse imparata) era «shut up!» («chiudi il becco»). Neanche papà aveva paura che un ceffone ben assestato potesse turbare in modo permanente la nostra psiche; non sapeva cosa fosse, la psiche, e non gliene importava un bel niente. Lui e mamma erano portatori di valori che volevano farci condividere, e noi non abbiamo mai messo in discussione se ciò avvenisse «per il nostro bene» o meno. Ma questo comportamento energico non mancava di espressioni amorose più gentili. Mamma non tornò mai dal mercato senza portare a ciascuno un po' di cioccolato, il frutto o il dolcetto preferito; sia papà che mamma ci abbracciavano sempre per salutarci e ci baciavano spesso, di giorno e di sera prima che andassimo a letto. Le ferite cicatrizzano presto quando sappiamo, senza ombra di dubbio, di essere circondati d'affetto.

Con amore affidavano a Dio le nostre anime, nutrivano i nostri cervelli con la conversazione e gli studi, e i nostri corpi con cibi deliziosi. Mamma insisteva anche per un amorevole periodo di «pulizie di primavera» per il fisico: un periodo di digiuno e citrato di magnesia! Come ricompensa, avevamo precedenza assoluta per la giornata nell'uso del bagno (sempre superoccupato, essendo l'unico per una famiglia numerosa) e la promessa del nostro cibo preferito l'indomani. A tutte le età, ci era assicurato un ruolo importante nella vita familiare. Eravamo incoraggiati a discutere le nostre gioie, dolori, paure, delusioni e amori: quando c'era un problema, era *di tutti*, e ci si aspettava che ognuno contribuisse alla sua soluzione. Ci ascoltavano, e la nostra opinione era rispettata. In un ambiente così, le lezioni della vita, più o meno meritate, diventano facili da tollerare.

Una delle lamentele più frequenti dei giovani d'oggi è che, nonostante ricevano molto in termini di oggetti, denaro e comodità materiali, si sentono privi di una comunicazione profonda. Manca un tipo di dialogo che permetta loro di ascoltare la propria voce, scoprire le proprie risorse, fare i propri errori e rimediarvi con le proprie soluzioni, in un ambiente che li appoggi. Hanno spesso l'impressione che un vero rapporto con coloro che amano, ammesso che ci sia, abbia un valore limitato.

Un giorno una mia studentessa, una ragazza molto sensibile, venne a parlarmi di un suo problema molto intimo. Quando le suggerii di discuterne con i suoi genitori, mi disse che era impossibile perché non l'avrebbero mai capita. La persuasi a tentare, dato che il suo problema avrebbe richiesto un appoggio familiare. Tornò vari giorni dopo a dirmi che ci aveva provato, ma che, anche dopo essere stati messi di fronte alla sua angoscia e alla sua confusione, i suoi avevano minimizzato e avevano cambiato discorso, assicurandole che «stava esagerando», che «avrebbe superato il problema», ecc.; rifiutarono la discussione come se, ignorandolo, il problema potesse risolversi da sé. Solo dopo un suo tentativo di suicidio i genitori reagirono: «Perché non ci hai detto che avevi dei problemi?» le chiesero. «E voi, perché non avete ascoltato quando ve lo dicevo?» fu la sua risposta.

Eric Berne, l'eminente autore di *Transpersonal Psychology*, cerca di aiutarci a ritrovare l'intimità perduta. Ci dimostra come i molteplici giochi e ruoli a cui non sappiamo sottrarci ci separino l'uno dall'altro e distruggano le nostre possibilità di legarci in modo più profondo ad amici o amanti. Egli rivolge a se stesso e al suo pubblico quattro domande fondamentali per la comunicazione:

Come dici «buongiorno»?

Come rispondi «buongiorno»?

Cosa diciamo dopo «buongiorno»?

E soprattutto, cosa stiamo facendo invece di dirci «buongiorno»?

Buone domande! Quello che interessa me, invece, complicherà ulteriormente la questione, perché io voglio arrivare a capire la comunicazione amorosa. Le mie domande aggiungeranno ai saluti un elemento di complessità e di audacia. Desidero perciò sapere:

Come dici «ti amo» e perché è così difficile dire una frase positiva come questa?

Come rispondi «ti amo» senza timidezza o paura?

Cosa diciamo dopo «ti amo»?

Come possiamo mantenere viva la comunicazione amorosa?

E soprattutto, cosa stiamo facendo invece di dirci «ti amo»?

È un fatto risaputo fra gli studiosi di comunicazione che, per la maggior parte del tempo, noi parliamo con noi stessi. Oltre a non essere ben consci di che cosa vogliamo comunicare, spesso ci manca la capacità linguistica per strutturarne correttamente il significato. Quando lo facciamo, l'interlocutore è a volte disinteressato, riluttante o incapace di «tradurre» il contenuto emotivo e intellettuale di ciò che viene detto: in questi casi la comunicazione non è niente più che una vibrazione dell'aria.

Peraltro, la sottile arte della conversazione non scompare. Feste, cocktails e pranzi stimolano perlopiù dialoghi rumorosi e insignificanti. Le cene familiari, nel passato occasioni di dialogo, sono ormai poco più di un rito, che si compie fra la frenesia del programma televisivo, la rincorsa del divertimento serale e la privacy di camere separate.

Lois Wyse, nel suo speciale libro di poesie intitolato *Lovetalk* («Discorso d'Amore»), esprime questa situazione in maniera drammatica. Dice:

> Così tanti matrimoni televisivi –
> quel recitare le nostre vite contro un
> fondale dello schermo.
> Invece di due vite in una stanza,
> ci sono due vite e il notiziario delle undici
> con
> interruzioni pubblicitarie costanti.
> Invece di ciò che dici e ciò che dico
> c'è quello che dicono Dick e Johnny e i loro ospiti.
> Tu non ridi con me;
> io non rido con te.
> Tutto lo spirito si riversa fuori dallo schermo.
> E ne ridiamo insieme.
> Più evitiamo di parlare
> più il rapporto diventa passivo.
> La televisione ci permette di attraversare
> la vita
> *con piccoli ruoli di contorno.*
> E meno parliamo
> più diventa difficile parlare.

Come dici «ti amo»?

In grado maggiore o minore, tutti possediamo un linguaggio. Nonostante le numerose teorie, nessuno sa per certo come lo si apprende; sappiamo che i bambini non ricevono un'istruzione formale per parlare, ma se non sono ritardati mentali o se non hanno una grave lesione al sistema nervoso, impareranno verso i due anni. Tutti i bambini del mondo apprendono un linguaggio nello stesso modo e alla stessa età. Balbettano, passano attraverso uno stadio iniziale denominato «ecolalia» e poi s'impadroniscono delle parole e delle frasi: questo, anche se il parlare è una delle facoltà più complesse dell'uomo. Tutto ciò di cui hanno bisogno è un ambiente saturo di linguaggio, dove poterne udire i suoni. Non dimenticherò mai una signora americana che incontrai quando insegnavo a Taiwan, che, impietrita dallo stupore, mi disse: «Pensi, ci sono bambini di due anni per strada che parlano cinese!». Cosa si aspettava che parlassero, greco?

Sappiamo che i bambini sono molto attenti ai suoni del linguaggio, e impareranno ciò che ascoltano. Di tutte le parole sentite nei primi anni, non è incredibile che un bambino possa differenziare fra «latte», «mamma» e «me»? Le parole pronunciate intorno a loro sono quelle che poi ripeteranno, senza una ragione apparente. Sono strumenti per organizzare il loro ambiente e le loro interazioni: queste parole diventeranno, per loro, connessioni umane fondamentali. Se ascoltano «sì», «amore», «buono» e altri simboli positivi, questi saranno i loro strumenti di relazione. Ma i nostri bambini dicono «no» molto prima di imparare a dire «sì» e spesso «odio» prima di «amore». Dove ha imparato il frugoletto dell'asilo a dire «Ho un esaurimento nervoso!»? Di certo, non è un fatto istintuale.

Così, o udiamo il linguaggio dell'amore nel nostro ambiente, o non lo udiamo. O apprendiamo i simboli verbali necessari per avere un buon rapporto con gli altri, oppure no.

Come rispondi «ti amo»?

Dopo aver acquisito un certo grado di linguaggio, come lo facciamo crescere? Come lo adoperiamo per dare informazioni e avere un dialogo costruttivo?

Probabilmente l'uso più comune del linguaggio è quello di spiegare qualcosa a qualcuno. L'insegnante istruisce chiaramente la classe: «Scrivete sempre il vostro nome nell'angolo in alto a destra del compito». Chiedete agli insegnanti quante volte i compiti tornano col nome scritto a sinistra, in mezzo o non scritto del tutto. Vi è mai capitato di chiedere un caffè nero e di sentire il cameriere rispondere automaticamente: «Latte e zucchero?».

Possedere un linguaggio, com'è ovvio, non ha niente a che fare con la comunicazione. La comunicazione richiede dialogo; la maggior parte di noi si trova costantemente impegnata in monologhi. Il grande filosofo Martin Buber, molto interessato al monologo/dialogo umano, distingue fra «dialogo tecnico», nel quale diamo informazioni, che non coinvolge sentimenti ed è il punto di partenza di un'azione, e «monologo travestito da dialogo», in cui un individuo parla di fronte alla totale indifferenza dell'altro. Egli chiama quest'ultimo il «linguaggio degli innamorati», dove entrambi si perdono nella contemplazione del proprio animo raggiante di gioia.

Un esempio molto divertente di questa tendenza è il dialogo fra Candide e Cunegonda, gli innamorati del racconto filosofico di Voltaire, musicato da Leonard Bernstein nella sua omonima opera comica.

Il duetto mostra gli amanti che, insieme ma separati, guardano al futuro e immaginano la realizzazione dei loro più grandi desideri.

Candide immagina una piccola fattoria piena di verdure, mucche e polli.

Cunegonda sospira per il lusso di uno yacht, l'eccitazione della mondanità, una vita fatta di pellicce e gioielli.

Ognuno continua a fantasticare separatamente e l'aria termina in un assolo di Cunegonda che sogna di viaggiare per il mondo e fare la bella vita: Candide, nel frattempo, è immerso nella celebrazione di una più rustica vita di campagna.

Tornando ognuno dal proprio sogno, gli amanti si guardano negli occhi: lei proclama le gioie della vita coniugale, lui, in perfetta armonia, invoca il prezioso e sublime accordo degli innamorati.

Potete immaginare quanto durerà questo rapporto!

Buber continua analizzando il «vero dialogo», nel quale entrambi gli interlocutori tengono presente l'individualità e i bisogni uno dell'altro. Egli sostiene che dovremmo considerare «la gente che ci passa accanto ogni giorno non come una massa informe ma come una collezione di individui, ognuno dei quali, senza eccezione, è una persona a sé». Lo scopo prioritario di un vero dialogo, sempre secondo Buber, è il benessere della persona amata, il suo supporto e la sua realizzazione. È un altro modo di dire: «Voglio che quello che ti dico ti stimoli, ti dia pace, ti aiuti a crescere fino al massimo del tuo potenziale. Voglio che ciò che dico ci avvicini. Tu hai una tua dignità, dunque ti devo offrire tutto ciò che meriti, il *me totale* del momento». Non sarebbe fantastico avere questo tipo di comunicazione con coloro che amiamo? Come sarebbe gioioso, come ci nutrirebbe, che bella ricompensa potrebbe essere!

Cosa diciamo dopo «ti amo»?

Una volta aperte le strade della comunicazione, come facciamo a mantenerle?

La comunicazione non è solo quello che viene percepito dalle orecchie: ci sono molti altri tipi di linguaggio, quello delle parole, quello dell'azione, quello del silenzio e quello dell'ascolto.

Le parole sono meravigliose, ma non sono *cose*. Le parole rappresentano le cose ma non sono le cose che rappresentano. Per esempio, possiamo vedere un essere di sesso femminile attraversare la strada e identificarlo con «signora» o «donna». Signora o donna sono simboli per la persona, ma la persona è più di un simbolo: potrebbe essere una madre, una donna d'affari, una figlia, una suocera, una persona sola, una persona allegra ecc., all'infinito.

Le parole sono solo simboli fonetici messi uno di fianco all'altro in un ordine prestabilito, a cui è stato attribuito un significato. L'oggetto «automobile», per esempio, potrebbe essere stato chiamato «jup», «liz», o qualsiasi altra cosa; sarebbe comunque investito del significato dell'oggetto «automobile» se noi non conoscessimo la differenza.

C'è un racconto molto divertente di Mark Twain sulle interferenze di Eva nell'incarico di Adamo di dare un nome a tutte le cose del mondo. Adamo non è molto creativo; Eva, dal canto suo, nomina ogni cosa basandosi sulle sue caratteristiche. Lui, per esempio, chiama il suo ambiente il Giardino dell'Eden. Eva lo corregge e gli spiega che quel luogo non sembra per niente un giardino, piuttosto un parco; insiste quindi per chiamarlo Parco delle Cascate del Niagara. Il punto, com'è ovvio, è che le parole sono solo strumenti coi quali sistematizzare ciò che ci circonda. Possiamo chiamare qualunque cosa come vogliamo.

Impariamo le parole quando siamo molto piccoli. Abbiamo poche altre risorse oltre a parole e simboli con i quali organizzare il nostro mondo. Le persone significative del nostro ambiente ci insegnano il vocabolario necessario: le definizioni delle parole sul dizionario, il loro contenuto intellettuale. Noi pensiamo con parole acquisite da loro, e diventiamo quello che pensiamo. Ma la faccenda è ancora più complessa. Ad ogni parola che pensiamo si aggiunge un contenuto emotivo che definisce il nostro sentimento a proposito di quello che la parola rappresenta. Per esempio, la parola «madre». Si può definire il termine come «genitore femmina»: è vero. È il contenuto intellettuale della parola ma è anche una definizione molto riduttiva rispetto al nostro rapporto con la madre. Le nostre esperienze rispetto a questa parola possono procurarci sensazioni di euforia: «Sarà divertente vedere la mamma», «Non esiste niente di più buono delle lasagne della mamma!». O il suono della parola madre può suscitarci sentimenti negativi: «Oh no, che noia!», «Se viene la mamma, io sto a casa!». È ovvio, quindi, che il contenuto emotivo di una parola ha un'importanza pari, se non maggiore, a quello intellettuale.

Le parole continuano a provocare reazioni di odio, paura, ansietà, fuga, reazioni apprese da piccoli quando abbiamo conosciuto il mondo per la prima volta, e mai ridefinite da adulti.

Ci sono quelli che odiano con una passione viscerale. Ci sono altri che fanno presto ad accusare razze, religioni, usanze, convinzioni, basandosi solo sulla loro reazione al simbolo associato all'esperienza. Essi diffidano, evitano, e persino vogliono distruggere le persone rappresentate dai simboli. La comunicazione con gente afflitta da tali resistenze emotive di solito s'interrompe prima ancora di cominciare.

Qual è la vostra reazione quando sentite le parole comunista, ebreo, ateo, cancro, stupratore, Dio, amore, speranza, perdono, estasi? Vi siete mai soffermati a considerare queste parole nel vostro attuale stato di maturità? Siamo molto cambiati per sensibilità, esperienza ed educazione da quando le abbiamo acquisite, forse decenni fa. Avete mai provato a ridefinirle e a compilare un vostro personale dizionario da adulti?

Molte di queste etichette mi fecero soffrire, da bambino: italiano, povero, cattolico, ritardato, stecchetto. La maggior parte di noi ha conosciuto etichette dolorose. Molti di noi sono ancora giudicati, esclusi o inclusi, amati o odiati, secondo le etichette. Milioni di ebrei sono stati assassinati dai nazisti, non perché erano gente, solo perché erano ebrei. Anche oggi omicidi causati da etichette politiche o religiose sono frequenti in tutto il mondo.

Quindi, se vogliamo comunicare, bisogna stare attenti alle parole che usiamo, perché potrebbero essere loro a usare noi! Possiamo e dobbiamo controllare le parole, e cambiare le definizioni e i sentimenti che ci suscitano. Solo in questa maniera diventeremo liberi di controllare le nostre vite, perché le parole hanno il potere concreto di determinare i nostri sistemi di valori e le nostre azioni. Usatele invece di farvi opprimere da loro!

Anche se le parole sono la nostra maggior fonte di comunicazione, non sono l'unica. Perciò, St. Exupéry disse: «Le parole possono causare grandi malintesi». Ci mandiamo anche messaggi silenziosi. Quando incontro qualcuno per la strada spesso dico: «Buon giorno, come sta?». Di solito mi viene risposto, in tono aggressivo: «Bene!». Non posso allora non chiedermi: «Ma perché non lo dici alla tua faccia?».

Ci parliamo con strette di mano, sorrisi, abbracci, risate, sguardi, contatto fisico, e con una miriade di gesti. Anche questi sono linguaggio, e possono esprimere più di una parola. Si può capire parecchio di una persona a seconda di come ci stringe la mano. Un abbraccio può trasmettere tanti segnali diversi, uno sguardo suggerire mille parole. Ma non molti di noi sanno rispettare il potere dei messaggi silenziosi, e non c'immaginiamo nemmeno cosa stanno rivelando agli altri di noi.

Recentemente sono stato ricoverato in ospedale per un serio disturbo cardiaco. Molte infermiere si occupavano di me, giorno e notte: ben presto divenne evidente quali stavano svolgendo un lavoro di routine e quali, invece, tenevano sul serio alla salute del malato. Il modo in cui m'infilavano un termometro in bocca aveva un suo significato; e così anche la maniera in cui mi tastavano il polso, mi massaggiavano la schiena o mi toccavano, per salutarmi, con un breve gesto affettuoso. Il benessere viene dall'interno, ma il calore altrui ci aiuta a sviluppare il nostro. La mia camera era piena di piante e fiori, che divisi con gioia con gli altri malati del reparto. Li adoperavo per rompere il ghiaccio. «È per me?» si stupivano gli altri pazienti, e subito un'espressione di felicità coloriva le loro facce, gli occhi si accendevano di una luce nuova. Qualcuno si occupava di loro. Feci amicizia con tutti. I medici facevano il giro dei pazienti la mattina e Buscaglia faceva giri d'amore per tutto il resto del giorno. La mia salute migliorò con una rapidità eccezionale – e percepivo cambiamenti di atteggiamento negli altri quasi ogni giorno. Un uomo, che alla mia prima visita aveva detto «Tanto, che importa? Se muoio, è lo stesso», passeggiava a braccetto con me per il reparto prima della mia partenza. «Dire» è bellissimo, ma «fare» ha un potere ancora maggiore. Molti anni fa un mio maestro buddista mi insegnò che «sapere *e non fare*, è ancora non sapere»!

A meno che non siate amanti dei monologhi, bisogna essere in due per comunicare. Questo di solito implica che uno parla e l'altro sta a sentire; ma i buoni ascoltatori sono rari, come i parlatori sensibili. Molti di noi hanno dimenticato quest'arte raffinata: se ascoltiamo del tutto, evento già di per sé raro, le nostre idee preconcette c'impediscono di udire quel che si dice, in favore di quello che siamo preparati a sentire. Spesso ci rendiamo conto che ci vengono offerte soluzioni ai nostri problemi e risposte alle nostre domande prima ancora che dichiariamo quali sono.

Ho scoperto poco tempo fa che il parlatore medio pronuncia 125 parole al minuto. L'ascoltatore, nello stesso periodo, può elaborarne da 400 a 600: l'attenzione reale è determinata da come sappiamo usare questi intervalli. Ricostruiamo il dialogo ad uso personale? Pensiamo al menu del giorno dopo? Ci perdiamo in fantasie su dove e con chi preferiremmo essere in questo momento? Osserviamo e cataloghiamo i modi, i vestiti, la grammatica e il coefficiente sessuale del nostro interlocutore? Spesso, tutte queste cose insieme; solo più tardi, quando i litigi esplodono, ci si rende conto di quello che ci è venuto a mancare.

Le insidie all'attenzione reale sono descritte nella poesia *Listen* (Ascolta), di uno scrittore anonimo:

Quando ti chiedo di ascoltarmi e tu cominci a darmi
consigli,
non fai ciò che ti chiedo.
Quando ti chiedo di ascoltarmi e tu cominci a dirmi
perché
non dovrei sentirmi in quel modo, calpesti le mie
sensazioni.
Quando ti chiedo di ascoltarmi e tu pensi di dover
fare
qualcosa per risolvere i miei problemi, mi deludi,
strano,
come può parere.
Forse per questo la preghiera funziona, per molti.
Perché
Dio è muto, non dà consigli, né prova ad aggiustare
le cose.
Semplicemente, ascolta e confida che tu risolva da solo.
Quindi, ti prego, ascolta e sentimi. E se desideri parlare,
aspetta qualche istante il tuo turno e ti prometto
che ascolterò.

La partecipazione, così vitale per un rapporto amoroso, s'interrompe quando si sentono la distrazione o il disinteresse altrui; spesso, purtroppo, non ci viene data una seconda possibilità.

Un terzo, importantissimo livello di comunicazione è quello non verbale. È comunicazione attraverso l'azione. Forse ricordate il messaggio d'amore di Eliza Doolittle, nel grande musical *My Fair Lady*, di Lerner e Lowe: «Fammi vedere!». Se mi ami, lei grida, non parlarne soltanto – dimostramelo con le azioni! Fate cose affettuose reciprocamente. Siate gentili e rispettosi. Mettete in gioco i sentimenti. Cucinate il cibo preferito. Mandate i fiori. Ricordatevi il compleanno o anniversario. Create le vostre personali feste dell'amore, senza aspettare San Valentino.

Ora la questione finale.

Cosa facciamo invece di dirci «ti amo»?

Noi siamo soprattutto abili nel distanziare, distruggere, intimidire, deludere, degradare e svalutare, e non sappiamo come porvi rimedio. Un nuovo linguaggio amoroso può rinnovare le nostre menti. Nel loro importante libro *The Human Connection* (La connessione umana), Ashley Montagu e Floyd Matson dichiarano che l'amore è la più alta forma di comunicazione. Scrivono:

> Si dice che la comunicazione umana è uno scontro di simboli: essa comprende la moltitudine dei segni. Ma è molto di più che «media» e messaggio, informazione e persuasione; risponde a un bisogno più profondo, e serve un più alto proposito. Che sia chiara o ingarbugliata, animata o muta, deliberata o fatalmente disattenta, la comunicazione è terreno d'incontro e fondamento della comunità. È, in breve, la connessione essenziale fra gli uomini.

Quindi, se volete la connessione umana in un rapporto d'amore, sarete interessati a quanto segue:

- Dimmi spesso che mi ami con parole, gesti o azioni. Non credere che lo sappia già. Forse ti sembrerò imbarazzato e negherò di averne bisogno – ma non credermi, fallo lo stesso.

• Lodami per un lavoro ben fatto e non sminuirmi ma al contrario rassicurami se faccio fiasco. Non dare per scontato ciò che faccio per te. Apprezzamento e sostegno mi stimoleranno a continuare.

• Fammi sapere quando ti senti solo o incompreso: sapere che ho il potere di confortarti mi renderà più forte. I sentimenti non tradotti in parole possono diventare distruttivi. Ricorda che anche se ti amo non sempre so leggerti nel pensiero.

• Esprimi pensieri e sensazioni di gioia: portano vitalità al nostro rapporto. È bello celebrare i non-compleanni, i propri giorni di San Valentino. Regala amore senza ragione e ascoltati, mentre esprimi la tua felicità.

• Quando mi tratti in modo da farmi sentire speciale, compensi per tutti quelli che, durante il giorno, mi sono passati accanto senza vedermi.

• Non svilirmi dicendomi che ciò che vedo o sento è insignificante o irreale. Per me la mia esperienza è importante e vera!

• Ascoltami senza giudizi e preconcetti. Essere ascoltati, come essere visti, è fondamentale. Se mi guardi e senti veramente come sono in quel momento non fai che affermare il mio essere, mentre ci aiutiamo a cambiare.

• Toccami. Tienimi. Abbracciami. Il mio fisico viene rivitalizzato da un'amorosa comunicazione non-verbale.

• Rispetta i miei silenzi. Le soluzioni ai problemi, alla creatività e alle esigenze spirituali arrivano soprattutto nei momenti di quiete.

• Fai sapere agli altri che mi stimi. L'affermazione pubblica del nostro amore mi riempie d'orgoglio. Dividiamo la gioia del nostro rapporto con gli altri.

So che state pensando che le idee che ho esposto sopra non sono veramente necessarie fra chi si ama perché sono cose che accadono spontaneamente. Non è vero. Sono proprio questi aspetti della comunicazione a costituire le fondamenta di un salutare rapporto d'amore. E, d'altra parte, hanno il più bel suono del mondo!

III

AMARSI CON ONESTÀ

«La verità, tutta la verità e nient'altro che la verità.»
Giuramento legale

«Non esiste una verità assoluta – questo è assolutamente vero.»
Anonimo

E Pilato disse: «Cos'è la verità?». (Scaltramente, non attese risposta.)

Si racconta che, nel IV sec. a.C., Diogene si mise alla ricerca di un uomo onesto. Alla luce del giorno, più quella di una lampada per vederci meglio, viaggiò dappertutto per trovarlo; ma non ci riuscì.

Psicologia, filosofia e religione concordano che un rapporto d'amore sano e duraturo si deve basare su lealtà e onestà reciproche. È molto importante, per noi, sapere che possiamo aspettarci la verità almeno dalle persone che amiamo e che ci amano: come potremmo sopravvivere altrimenti? Eppure, sarebbe interessante scoprire se chi legge queste pagine può in coscienza dire di conoscere una persona del tutto onesta; l'ansia procurataci da questa domanda di solito viene camuffata con acrobazie semantiche tipo: «Cosa s'intende per "onesto"?», «Onesto quanto?», «In quali circostanze?», «Con chi?», «Onesto nelle questioni importanti?». Questi interrogativi suggeriscono che molti di noi credono che esistano diversi livelli di onestà.

Comunque questa venga definita, resta il fatto che la sua mancanza è una delle cause prime di separazioni, divorzi, litigi fra innamorati, delitti passionali, affari sfumati, crolli di governo e guerre sanguinose. Se messi davanti a una verità che può metterci in crisi, anche minima, ci pare spesso più rapido mentire. «Visto che non fa male a nessuno» è la prima scusa che viene in mente.

Un'inchiesta di Louis Harris, apparsa nel 1969 sulla rivista «Time», ha rivelato che sei persone su dieci negli Stati Uniti giustificavano chi mentiva di tanto in tanto; l'un per cento era convinto che le bugie si potevano dire sempre, e il 58 per cento, invece, solo qualche volta; c'era poi un rigoroso 38 per cento secondo il quale non si poteva mentire e il rimanente 3 per cento che non ne era sicuro e s'interrogava, invece, sul significato della parola «onesto». Io non credo che la maggior parte di noi abbia considerato con sufficiente chiarezza il problema per avere un'opinione. Giuriamo di dire «nient'altro che la verità» e poi frodiamo lo Stato nella dichiarazione dei redditi; siamo d'accordo che «l'onestà è la miglior politica», ma non ci sogneremmo mai, se interpellati, di dire alla maggior parte della gente cosa pensiamo di loro. Quest'atteggiamento non è certo appannaggio dei cittadini degli Stati Uniti. Gli antichi Greci venivano istruiti addirittura alla menzogna e imparavano le tecniche per evitare di essere scoperti; Socrate, in fondo, fu ucciso per non aver voluto mentire, dato che i giudici credevano che la sua verità avrebbe corrotto i giovani.

L'antica società cinese consigliava di sfumare la bugia, di addolcirla: piuttosto che incoraggiare un approccio brutale e senza compromessi, si preferiva mentire per non turbare gli altri, «per gentilezza». Questi sono i valori che tramandiamo a tutt'oggi. Esempi di disonestà sono dilaganti in tutte le classi sociali, a tutti i livelli di interazione, nei rapporti occasionali come nei grandi intrighi della politica estera. Anche chi non mente sul serio è tentato di concedersi mezze verità fantasiose o di eludere il problema a piè pari. Filosofi e sociologi oggi sostengono che la sopravvivenza di un individuo o di un contesto sociale esposti a tutta la verità è improbabile. Secondo Marcel Eck, «un mondo dove la verità fosse esibita senza criterio somiglierebbe più a un inferno che a un paradiso». «Mentire», continua, «è qualche volta un dovere.» Comunque, noi ci giustifichiamo dicendo che alla maggioranza della gente non piace sentire la verità.

In tribunale dobbiamo giurare di non dire il falso, e subito dopo assistere alle arringhe di brillanti avvocati che presentano sottili «versioni» dei fatti, plasmate a seconda dell'interesse dei loro clienti. Non stanno mentendo, si difendono, stanno solo riordinando le circostanze.

I pubblicitari proclamano a gran voce che il loro prodotto è il migliore e garantiscono sollievo o piacere istantaneo se lo useremo con regolarità: potremo curarci il raffreddore, dormire, dimagrire, trovare un amore, una vita sessuale soddisfacente e la felicità eterna. Tutti, anche gli ingenui, sanno che queste sono bugie, ma siamo ormai così desensibilizzati da non offenderci più; e a volte compriamo i prodotti reclamizzati nella speranza che, in fondo, ci sia qualcosa di vero.

I giornalisti, che tirano sempre in ballo il loro sforzo di darci la reale versione dei fatti, spesso sono costretti a mentire per poter accedere alla verità. I leaders politici presentano piattaforme programmatiche esoteriche, promettendoci imprese impossibili se verranno eletti: saranno in grado di pareggiare il bilancio, sradicare il crimine, porre fine alle guerre, sconfiggere la povertà e fare in modo che ci sia «un pollo in ogni pentola». Alcuni si sentono persino in dovere di assicurarci che rivaluteranno famiglia e moralità in questa società decadente.

Dopo che per cent'anni ci hanno prospettato il Sogno Americano di libertà, giustizia ed eguaglianza per tutti, speriamo ancora. Non siamo stupidi, solo condizionati, col tempo, a non aspettarci che le parole corrispondano ai fatti. Persino i tutori della legge usano a volte inganni poco ortodossi per indurre gli autori dei reati a parlare. I medici ci vogliono proteggere dalla verità e anche insegnanti e terapeuti sentono il bisogno di smussare gli spigoli. Questi comportamenti ci appaiono tanto innocui da essere considerati normali, frutto, anzi, di buone intenzioni. Nel frattempo continuiamo a dire «Che piacere vederti» a gente che preferiremmo evitare; «Sentiamoci, qualche volta», tubiamo, in direzione di persone detestabili; e «Che bella pettinatura!», mentre ci domandiamo, inorriditi, che razza di parrucchiere è mai quello. Ringraziamo per regali non voluti, andiamo in estasi davanti a bambini che non ci piacciono, ci fingiamo rapiti da conversazioni di una noia mortale. Infine, scriviamo cordiali lettere di presentazione per individui di cui speriamo solo di liberarci al più presto e di non incontrare mai più.

Di solito giustifichiamo questi compromessi affermando che servono a proteggere gli altri da dolori e danni immeritati. Non deve stupire, quindi, che la disonestà non sia considerata un comportamento sbagliato ma una capacità sociale verso cui dimostrarsi indulgenti. Così, continuiamo a incoraggiare l'inganno: lo pratichiamo con la coscienza pulita e lo tramandiamo ai nostri figli, come parte del bagaglio necessario per diventare adulti e navigati.

Mi sono trovato in situazioni nelle quali bambini a cui non era stata ancora insegnata l'ipocrisia dicevano la verità e venivano subito puniti, mandati in camera loro o dal preside. Con bella faccia tosta, in situazioni analoghe proclamiamo che bisogna essere onesti. Ma i bambini, sgridati per aver detto la verità, imparano presto la saggezza delle «bugie bianche».

Ricordo un'indagine condotta in un asilo, su bambini di cinque-sei anni; chiesi loro se, dopo aver commesso una marachella, l'avrebbero raccontato alla mamma. Quasi tutti risposero di no. Come mai, chiesi: «Perché mi picchierebbe» era la spiegazione più comune. «Allora», domandai, «è meglio mentire e non essere puniti, piuttosto che dire la verità?» Increduli che mi saltasse in testa di porre una domanda così ovvia, i bambini dicevano: «Sei matto! È meglio dire una bugia!».

Nel suo libro *Il giudizio morale nel fanciullo*, Jean

Piaget, eminente psicologo infantile, racconta una storia in proposito. Egli ipotizzò per i bambini la seguente situazione: due bambini rompono delle tazze e la madre vuole sapere chi è stato. Il primo dice che non è stato lui, e lei gli crede; anche il secondo afferma di non essere stato lui, ma la madre non gli crede e lo punisce severamente. A questo punto, Piaget chiese: «Le due bugie sono uguali?». I bambini pensavano di no. «Quale dei due è più colpevole?» domandò il famoso psicologo svizzero; i bambini risposero, senza esitare: «Quello che è stato punito».

Quante volte abbiamo sentito dire «Va tutto bene, basta che non ti scoprano». Eppure ogni insincerità, grande o piccola, lascia una traccia; non è tanto questo che conta, quanto le sue implicazioni. Anche la bugia più insignificante avrà una conseguenza duratura sulle scelte e sul sistema di valori dell'ascoltatore, e ne influenzerà il comportamento.

Le ramificazioni di una menzogna continuano a crescere anche molto dopo averla detta. Se, come la verità, una bugia producesse una singola reazione, avremmo solo una scelta, credere o non credere. Ma se prendiamo in considerazione tutte le possibili sfumature del falso, ci troviamo di fronte a troppe scelte, e quindi in preda a confusione, paura, incertezza, risentimento e sospetto.

È umano avere fiducia negli altri, e impazziremmo se pensassimo di non poter credere a nessuno: la fiducia permette ai nostri sistemi di valori di cambiare e di crescere. La sicurezza derivata dal credere ci rende più disponibili al rischio.

In un rapporto a due ci sono molti tipi di manipolazioni, alcuni più distruttivi e patologici di altri. Prima di tutto, le cosiddette bugie «bianche», quelle socialmente più comuni. Qualcuno ha aspettato cinque ore la vostra telefonata delle due: è furibondo. Però, quando voi chiamate e dite «mi spiace», risponderà, in tono calmo, «oh, non importa, figurati». Succede a tutti: ci piacerebbe molto dirgliene quattro, ma non osiamo. «Ti piace il mio cappotto nuovo?» «Oh, sì» rispondiamo, trovandolo orribile, «è molto carino e ti sta proprio bene!» «Come mai non sei venuto alla mia festa?» Non «Perché detesto le tue feste» ma «Stavo poco bene». La bugia detta per proteggere l'ego serve a renderci tutto più semplice; e se ce ne chiedono ragione, rispondiamo: «Ma io non intendevo questo» oppure «Guarda che non hai capito».

La menzogna manipolatrice si usa per nostra convenienza, per deformare la realtà a nostro vantaggio.

Poi c'è quella impersonale: «arrotondare» una dichiarazione dei redditi o un rimborso-spese è scusabile dato che lo fanno tutti, e comunque ha poca importanza perché non reca danno a nessuno.

La bugia da status, utile per impressionare gli altri, ci porta a spararle grosse: se qualcuno ha conseguito un successo, il nostro non dovrà essere da meno.

Queste sono solo alcune categorie del falso, a cui si aggiungono la menzogna strategica, quella cospiratoria, e molte altre: sono sicuro che ognuno di noi potrebbe allungare la lista.

La maggior parte di noi non le considera abbastanza

rilevanti per meritare etichette negative; anzi, a volte siamo convinti che faranno del bene a noi o agli altri. Si arriva, quindi, a considerare le bugie come garanzie di gentilezza e rispetto.

Il segretario del grande leader religioso Martin Luther King, in una lettera a Max Lenz, scrive che questo modo di mentire non va contro Dio, e che anzi pensa che Dio lo capisca e lo scusi; questo, nonostante che la Rivelazione (22:15) accomuni i bugiardi ai lussuriosi, agli assassini e agli idolatri, e neghi loro il permesso di entrare in Paradiso.

Quando diciamo il falso (perché una bugia è sempre una scelta) noi ci arroghiamo il diritto a uno status privilegiato, per cui ci sembra logico mentire a nostro vantaggio, ma c'indigniamo se gli altri ci mentono. Quindi, la nostra casuale disonestà potrà parerci irrilevante, ma non consideriamo che, se ci scoprono, gli altri si sentiranno come noi. C'è sempre un elemento di rischio nel mentire: possono smascherarci. L'imbroglione, quindi, dovrà stare bene attento a tenere il conto di tutte le deformazioni della verità e, man mano che il tempo passa, sarà obbligato a giustificarsi con sempre nuove bugie. Si dice che i bugiardi devono avere buona memoria, perché, una volta scoperta, una bugia fa crollare l'altra, come in un castello di carte.

L'onestà è un affare complicato. Per esempio, a chi tocca stabilire l'importanza di una bugia? Esiste davvero un modo di mentire sano dal punto di vista psicologico, che stimola la crescita invece di fare del male, e che non ha influenze negative su nessuno?

Conosciamo il dolore procurato dal tradimento, soprattutto se proviene dalle persone amate. La nostra sicurezza personale si basa sulla supposizione che le informazioni date da coloro che amiamo siano fondate. Quando questa convinzione crolla non è sorprendente che le nostre vite ne siano temporaneamente (in alcuni casi per sempre) molto scosse. Se il nostro amore è solido, possiamo accettare la situazione, razionalizzare che non c'erano intenzioni malvage o distruttive, e dimostrare tolleranza per le debolezze umane: allora, perdoniamo.

Nel suo libro *Creative Life* (Vita creativa), Clark Moustakas dice:

> Essere onesti in una relazione è spesso difficile e doloroso. Ma nel momento in cui ci si allontana dalla verità, le fibre essenziali dell'essere si distaccano e la persona si trova coinvolta in un processo di inganno: una manipolazione in cui s'impedisce all'altro di scoprire «i veri pensieri e le vere emozioni».

Ci sono diversi codici di comportamento rispetto al vero e al falso. Siccome onestà e menzogna sono scelte, possiamo far sapere che prediligiamo la prima e siamo grati quando, con noi, ci si comporta di conseguenza. Molti hanno scoperto che la verità è la miglior politica: se non siamo sinceri, nel tempo le conseguenze si dimostrano spesso più pesanti del conflitto che volevamo ovviare con la bugia.

Visto che le relazioni fra le persone si basano sulla condivisione della vita quotidiana, non possiamo rischiare di costruirne una sulla menzogna, anche se a fin di bene; la possibilità di un inganno sarà allora il sottofondo di tutte le future interazioni. Il nostro ego reale ne è violato in modo permanente: di conseguenza, i rapporti futuri potranno assumere i contorni di una serie di ipocrisie. Ogni sicurezza nella relazione svanisce.

La scelta della sincerità, potenziale test della credibilità futura, è stata sorvolata. Si creano dubbi che influenzeranno la durata di amore e fiducia; la fede è spezzata, il nostro sistema di valori in pericolo. Se tutto va per il meglio, e la bugia non è scoperta, resta una cicatrice che non si rimargina, e che ci renderà vulnerabili in seguito.

Solo la verità riesce a farci sentire sicuri, e a darci la fiducia necessaria per un rapporto impegnativo. Solo la verità, per quanto a volte possa essere dolorosa, crea un ambiente protettivo, di solidarietà e di crescita. Certo, la verità con la «V» maiuscola è difficile: eppure è alla base di un rapporto d'amore. Senza la verità, la fiducia è impossibile; e dove non c'è fiducia, non può esserci amore.

Allora, mentire o non mentire? In *Transformations* (Trasformazioni) Roger Gould scrive:

Dire la verità al meglio dev'essere il nostro obiettivo, senza tener conto delle conseguenze possibili. Ogni volta che inganniamo noi stessi causiamo errori di giudizio a cui seguono decisioni sbagliate, con effetti inimmaginabili sulle nostre vite. Ogni volta che mentiamo a noi stessi creiamo nella psiche una lacerazione, dalla quale può entrare il demone dell'ansia inesplicabile davanti alle difficoltà della vita. Gli inganni, studiati per proteggerci, finiscono per farci del male: e più la vita tende a correggerli, più li fortifichiamo. Maggiore è l'area del cervello che vogliamo difendere, più i nostri processi di pensiero ne soffrono, e la nostra mente non può vagare senza costrizioni perché nuove informazioni possono contraddire l'inganno. Maggiore l'inganno, più grande la sezione del mondo da cui siamo esclusi.

D'altronde Robert Wolk e Arthur Henley, autori di *The Right to Lie* (Il diritto di mentire), uno dei testi più autorevoli sull'argomento, commentano:

Un matrimonio di successo è il prodotto tanto della menzogna quanto dell'amore. Anche se si complementano bene, i partners sono due persone diverse e le loro emozioni e atteggiamenti non possono sempre coincidere. Se entrambi sono totalmente sinceri, possono saltar fuori verità offensive o inopportune, che rovinerebbero il delicato bilancio di dare-e-avere, così essenziale fra coniugi. Bugie costruttive, cortesi e competenti possono proteggere entrambi e impedire che si feriscano a vicenda. Saper mentire è importante per un buon matrimonio.

Altrove, gli stessi autori affermano che «la famiglia che mente insieme resta insieme». Non stanno ovviamente parlando di inganni travolgenti, ma di piccole bugie quotidiane che hanno lo scopo di facilitare il rapporto. Aggiungono:

L'unica bugia che vale la pena di dire è quella che può cambiare una situazione per il meglio. Dev'essere giustificabile, tecnicamente ineccepibile, e appropriata all'occasione. Per arrivare a prendere una decisione sensata in proposito, l'aspirante bugiardo deve pesare eventuali benefici contro i rischi che corre; in un certo senso, è come fare il gioco della verità da soli.

Gli autori hanno inventato perfino un test per verificare se la bugia è stata analizzata con sufficiente imparzialità.

Ricordo una giovane coppia di sposi molto innamorati. La moglie non era molto brava in cucina; sua madre le aveva dato una ricetta per l'arrosto che lei preparò più volte durante le prime settimane di matrimonio. Il marito sapeva che quel piatto le costava molta fatica e temeva di offenderla, quindi quando lei gli chiese se era di suo gusto, lui rispose che gli piaceva moltissimo; in realtà, lo trovava immangiabile. Nel frattempo lei, credendo che davvero gli piacesse, continuava a cucinarlo, e siccome non era capace di diminuire le dosi della ricetta, ne avanzava ogni volta parecchio: la casseruola dell'arrosto compariva in tavola, quindi, varie volte la settimana. Alla fine il marito non ce la faceva più: in un momento di rabbia gridò che detestava la sua cucina, che quell'arrosto gli faceva venire il vomito e che non voleva mai più vederlo sul tavolo! Lei ne fu scioccata e ferita; lui le aveva mentito. Fra le lacrime, disse: «Non ti crederò mai più!». Una sciocchezza, certo; eppure, il seme insidioso di una crisi.

Purtroppo spesso anche un'esperienza apparentemente insignificante come questa cresce e prolifera, fino a creare una catena di intrighi e di sfiducia molto distruttiva. Se questo è vero, e le statistiche lo confermano, è il caso di cercare metodi alternativi all'inganno. Non c'è nessuna buona ragione per la quale la verità deve ferire; se usata correttamente, scarica la tensione e diventa la base per un cambiamento.

Che fare, allora? Mentire o non mentire? Visto che

siamo solo umani, la decisione non è poi così drastica. Ma il problema non dev'essere ignorato, dato che è responsabile di tante delusioni amorose. Certo, nessuno ci impedisce di optare per la menzogna, ma esistono altre possibilità che meritano la nostra considerazione. Dobbiamo accantonare l'idea che l'inganno sia utile e la sincerità per forza brutale. Questa equazione troppo spesso si dimostra solo una comoda scappatoia; se è vero che in alcuni casi la verità può ferire, mentire a chi si ama rischia di provocare un disastro ben peggiore.

In un rapporto, la sincerità deve cominciare dall'inizio. Individui saggi e impegnati a crescere insieme con amore e fiducia reciproci, sia nel campo dell'amore che in quello degli affari, dovrebbero mettere in chiaro il loro atteggiamento e le aspettative nei riguardi della sincerità nei primi tempi della relazione. Fra l'altro, devono considerare se, per loro, è tollerabile mentire. Alcuni preferiranno sentirsi dire una bugia piuttosto che accettare la realtà dei fatti. «Dire la verità a chi non la vuole ascoltare» ha detto una volta Nicholas Humphrey, «è considerato quasi un attacco – un'invasione della privacy, uno sconfinamento nella sfera altrui. Non è carino, non si fa.»

Alcuni possono pensare che è meglio non sapere piuttosto di affrontare l'ansia e il dolore eventuali della verità. Altri non vogliono altro che la verità, ma desiderano che sia offerta amorevolmente. Troppo spesso crediamo che la verità corrisponda alla «realtà brutale». Non è detto. La verità può essere detta con gentilezza. «A questo vestito, io preferisco quello blu. Ma ricorda, questa è solo la *mia* opinione, e non sono certo Yves St. Laurent.» È senz'altro più facile da digerire che «Questo vestito è orrendo! Mi fa schifo!». Se decidiamo di attenerci scrupolosamente alla sincerità, la si può forse addolcire con frasi tipo: «Ricorda, abbiamo deciso di essere sempre sinceri l'uno con l'altro. In questo momento, io la vedo così».

È molto probabile che il conflitto verità-menzogna ci si riproporrà per tutto il resto della nostra vita. Come possiamo aspettarci una totale limpidezza dagli altri se molto spesso siamo propensi a mentire a noi stessi? Dobbiamo accettare le nostre eventuali, periodiche cadute nell'ipocrisia. Dobbiamo imparare ad accettare questi sbagli in quanto umani, e a usarli come esperienze significative per consolidare un comportamento più sincero in futuro. Mi sembra comunque che, se desideriamo che le nostre relazioni durino e crescano, onestà e verità devono essere i nostri traguardi inevitabili.

IV

AMARSI CON INDULGENZA

«Dato che nulla di ciò che intendiamo è mai perfetto,
nulla di ciò che tentiamo è mai privo di errori,
e nulla di ciò che raggiungiamo è privo di quella misura
di limitatezza e fallacia che chiamiamo
umanità, siamo salvati dal perdono.»

David Augsburger

«Pietro si recò da Gesù e gli chiese:
"Signore, quante volte dovrei perdonare mio fratello quando pecca
contro di me? Fino a sette volte?". Gesù rispose:
"In verità ti dico, non sette volte, ma settanta volte sette".»

Matteo 18, 21-22

Perdona. Un'aura meravigliosa emana da questo verbo, un grande calore, una grande forza. È una parola che suggerisce un lasciar andare, una liberazione, un'azione che ha il potere di lenire, curare, riunire e ricreare.

Ho un'amica che ha perso il marito in un incidente d'auto. L'«assassino» è un uomo d'affari di mezz'età, marito e padre di tre figli. Stava tornando da un pranzo di lavoro, ubriaco. Fu riconosciuto colpevole di omicidio colposo, condannato al massimo della pena e messo in prigione. «Perdonarlo?» disse la mia amica, incredula. «Prima voglio vederlo all'inferno! Ha ucciso *mio* marito, il padre dei *miei* figli. Dovrebbe rimanere in prigione per tutta la vita.» Mi chiedo se abbia un'idea di quanto quell'uomo ha già sofferto e di ciò che deve provare pensando a quell'incidente.

Una donna che è stata vittima di un rapinatore prova gli stessi sentimenti. «Ossessiona ancora la mia vita» mormora, mentre di nuovo gli occhi le si riempiono di lacrime di rabbia. «Mi ha fatto del male. Mi ha reso paurosa e sospettosa in modo permanente. Lo odio! E sapere che ora è in prigione non mi fa certo sentire meglio. A che serve? Merita di morire! Forse un giorno riuscirò a vincere le mie paure, ma non lo perdonerò mai!»

«Non posso perdonare i miei genitori per avermi imbottito la testa con le loro idee nevrotiche. È colpa loro se ho paura di vivere. Ora che sono vecchi vengono da me con le loro richieste di affetto, e non riescono a capire perché li evito. Ora è il loro turno di soffrire!» mi ha detto un mio studente.

«Da quando abbiamo divorziato mia moglie fa tutto il possibile per tenermi lontano da mio figlio. Certo, io ho commesso lo stupido errore di ferirla, ma lei si sta vendicando in un modo terribile. Le ho detto che mi dispiace, ed è vero. Cos'altro posso fare? Non posso cancellare ciò che ho fatto. Né ora sono una persona peggiore di quella che lei ha amato e sposato. Semplicemente, lei non è capace di perdonare.»

Una vittima dell'Olocausto sosteneva che perdonare i suoi aguzzini e gli assassini della sua famiglia sarebbe stato equivalente a condonare la loro brutalità. «Finché avrò vita li odierò e pregherò perché siano arrestati e abbiano il castigo che si meritano, perché la giustizia vive ancora in me. Il carcere, e persino la morte, non saranno mai abbastanza per tutto quello che hanno fatto, ma perlomeno mostreranno che c'è ancora un po' di giustizia a questo mondo.»

Tutti questi casi sono molto reali e molto dolorosi. L'essere trattati ingiustamente, o l'essere offesi nel morale o nel fisico, provoca ferite profonde; sembra del tutto umano e naturale che si chieda giustizia o si desideri assaporare la «dolce vendetta».

Perdonare gli altri, per difficile che possa essere, è solo una parte del problema. Spesso è altrettanto difficile perdonare noi stessi quando ci accorgiamo di aver sbagliato. Un esempio noto e significativo di questo dilemma si trova nell'ottimo romanzo di William Styron, *La scelta di Sophie* (Mondadori, Milano 1980). Sophie, una vittima della follia e del sadismo nazista, è costretta a scegliere: deve decidere quale dei due bambini deve morire e quale deve vivere. È obbligata a prendere questa decisione su due piedi, altrimenti i suoi bambini verranno uccisi tutti e due, e compie l'orribile scelta. Benché la sua vita continui, è distrutta dai sensi di colpa. Arriverà all'espiazione solo attraverso una relazione autodistruttiva con un uomo malato di mente che alla fine la ucciderà, liberandola.

Un sacerdote mi ha raccontato di un uomo che lo chiama quasi ogni settimana, tormentato da terribili sensi di colpa. Si biasima per non aver fatto fare a sua moglie una vacanza a Honolulu, che lei tanto desiderava, prima che lei morisse. Si accusa, anche dopo anni, di averle fatto del male e di averle impedito di essere felice come si meritava.

D'altra parte, ho sentito di recente raccontare di una donna in Florida che è stata violentata, ferita alla testa, mutilata ferocemente e lasciata a morire. Sorprendentemente, è sopravvissuta al suo calvario, benché la ferita alla testa l'abbia resa cieca per sempre. In un'intervista televisiva il presentatore parlava dell'amarezza che lei doveva certo provare, delle tracce incancellabili che si sarebbe portata dietro per tutto il resto della sua vita, e la straordinaria risposta della donna è stata pressappoco: «Oh, no! Quell'uomo si è preso una notte della mia vita, e mi rifiuto di concedergli anche solo un secondo di più!».

Il «New York Times» ha riportato una storia che ha colpito molte persone. Riguardava una coppia che era andata in carcere ad abbracciare e a perdonare l'uomo che aveva violentato e ucciso la loro figlia ventiduenne. La storia di Bob e Goldie Bristol è narrata con delicatezza in un libro intitolato *When It's Hard to Forgive* (Quando perdonare è difficile), in cui essi raccontano dell'orrore e del dolore che provarono quando seppero dell'omicidio della figlia, e della loro decisione di lasciare al cielo il compito di punire. Forti di un profondo senso religioso, decisero di andare ad abbracciare con amore il loro nemico, e dopo molti tentativi di raggiungere Tom (è questo il nome fittizio che danno all'assassino della figlia) questi finalmente acconsentì a vederli. La signora Bristol descrive il loro incontro in carcere con parole semplici e commoventi:

La porta si aprì. Tom entrò nella stanza. Era alto circa un metro e ottanta, scuro di capelli e muscoloso, ben vestito e rasato... una persona. L'amore di Dio scaturì dentro di me e mi colmò tutta. Tom si fermò, mentre gli occhi gli si riempivano di lacrime; allora io e mio marito ci alzammo e uno dopo l'altro lo abbracciammo. Piangemmo insieme.

La signora Bristol ammette francamente di non aver compreso il perché del brutale delitto di Tom; lei e il marito si erano semplicemente resi disponibili ad accettare la sua umanità, l'unico aspetto di Tom che erano in grado di riconoscere, capire e accettare.

Dopo l'incontro, si erano sentiti liberati, purificati dalla rabbia e dal rancore; persino il dolore era scomparso. Viceversa Tom, per motivi che non furono mai chiariti, rifiutò di mantenere ogni rapporto e di accettare il loro perdono. Egli interruppe ogni contatto con loro.

In seguito, la signora Bristol fu spesso invitata a parlare in pubblico; la sua esperienza e la dinamica del perdono avevano suscitato l'interesse di molta gente. Tuttavia, fu sorpresa nel constatare che fra le persone che venivano ad ascoltarla molte le fossero ostili; venne spesso attaccata e accusata di essere insensibile e fredda e di tradire la memoria e il valore di sua figlia. Fu criticata per il suo modo ingenuo e pericoloso di affrontare i mali della società.

È cosa comunemente accettata che alla base di ogni religione ci sia un profondo obbligo verso la compassione e il perdono, ma è ovvio che, per quanto perdonare sia facile per gli dèi, per gli esseri umani, in realtà, è molto difficile.

Chiedere perdono e perdonare è un processo complicato che richiede la nostra più profonda empatia, umanità e saggezza. Nel corso della storia abbiamo scoperto che senza perdono non può esserci amore duraturo, nessun cambiamento, né crescita, né vera libertà. In *Love is Letting Go of Fear* (Amore è abbandonare la paura) Gerald Jampolsky afferma:

> Odio, amarezza e spirito di vendetta sono opprimenti, autodistruttivi e svuotano l'individuo sia dal punto di vista intellettuale che emotivo.

Per chi tiene ad avere rapporti duraturi è dunque importante capire meglio la dinamica del perdono. Se dobbiamo vivere insieme, deboli e vulnerabili come siamo, ne avremo senz'altro molto bisogno.

Perdonare è un atto della volontà, una scelta deliberata. Decidiamo di farlo oppure no. Ma dobbiamo ricordare che sia l'essere perdonati che il perdonare implicano la stessa dinamica. Se speriamo di essere perdonati per aver fatto del male, siamo obbligati a fare lo stesso con chi ci ha offeso; così, se siamo incapaci di perdonare gli altri, non possiamo aspettarci che gli altri perdonino noi.

Quando dedichiamo noi stessi per amore diventiamo molto vulnerabili. Non siamo più al sicuro. Rischiamo di essere delusi e feriti. In un rapporto, due individui con storie ed esperienze diverse alle spalle si mettono insieme nella speranza di creare nuovi mondi scrivendo, vivendo e dividendo nuove esperienze. Ma questo non è facile, perché i nostri rapporti vivono all'ombra di passate paure, aspettative e abitudini, e dato che siamo tutti diversi e imperfetti questo è di rado possibile senza che si scatenino dei conflitti.

Quando ci sentiamo trattati ingiustamente, subito cerchiamo di affibbiare la colpa a un altro. Ci consideriamo vittime innocenti a cui è stato fatto qualcosa. Abbiamo quindi il diritto di chiedere giustizia. Crediamo di fare giustizia solo quando riusciamo a ferire chi ci ha ferito, deludere chi ci ha deluso e far soffrire chi ci ha offeso e arrecato dolore. Costoro devono conoscere la nostra vendetta e se possibile continuare a subirla per sempre: siamo sicuri che questo sia l'unico modo per riparare i torti subiti, pareggiare i conti e far scomparire il nostro dolore. Dopo tutto, cerchiamo di razionalizzare, era colpa dell'altro. (Non siamo forse sempre sicuri che la colpa fosse dell'altro?) Perché, quindi, dovremmo essere i soli a soffrire? Cerchiamo la vendetta perché sappiamo che sarà dolce; ma lo è davvero? Quanti di noi ce l'hanno messa tutta per vendicare un torto, per poi scoprire, dopo che ci siamo riusciti, che siamo soli e senza amore? Quale soddisfazione troviamo nel far soffrire un altro se la nostra sofferenza persiste? Che senso ha chiedere occhio per occhio, se dopo aver cavato l'occhio all'altro, a noi ne resta pur sempre solo uno?

Quando qualcuno che amiamo ci fa del male, sembra che svalutiamo anni di rapporto – un rapporto che probabilmente ci ha dato gioie e che per durare così a lungo deve aver richiesto molta energia, sia intellettuale che emotiva. E tuttavia, con una sola frase acida, con un atto avventato o una critica spietata, siamo capaci di distruggere anche il rapporto più stretto. Dimentichiamo subito quanto c'è stato di bello e ci accingiamo a programmare strategie di odio, invece di accennare la sfida di un'onesta valutazione e di un confronto. Ignoriamo che, perdonando e mostrando comprensione, esiste una probabilità molto alta di scoprire profondità sconosciute in noi stessi e nuove possibilità per i rapporti futuri. Siamo troppo orgogliosi. Preferiamo impegnarci in attività autodistruttive che ci impediscono di perdonare; nella convinzione che ritirandoci e fuggendo colpiremo l'altro e saremo guariti dalla lontananza; nell'illusione che, evitando una situazione, la potremo cancellare; nell'ingenua speranza che ci sentiremo meglio dopo aver ferito, umiliato, incolpato e condannato un altro. Non riusciamo a capire che quando ci rifiutiamo di perdonare ci carichiamo dell'inutile fardello dell'odio, del dolore e della vendetta, che non ha mai fine e anzi pesa più su di noi che su chi ci ha fatto del male.

Naturalmente, perdonare non è semplice. La razionalità non basta per districarsi istantaneamente dal viluppo di sentimenti che ci sopraffà quando ci viene fatto un torto. Così, sembra più facile cercare dei modi per sfuggire al dolore. Piuttosto che affrontarlo, incolpiamo, accusiamo, condanniamo, imprechiamo, vogliamo escludere. Non si può arrivare al perdono in un'atmosfera di accusa, condanna, rabbia e recriminazione.

Cominceremo a perdonare solo quando saremo in grado di guardare a chi ci ha offeso come a noi stessi, né meglio né peggio. Bisogna ricordare che entrambi, chi offende e chi è offeso, siamo esseri imperfetti e transitori, e che data la nostra comune umanità la situazione potrebbe facilmente rovesciarsi. È difficile per noi riuscire a credere che, in circostanze diverse, avremmo potuto far parte della fanatica gioventù hitleriana oppure essere dei disadattati impauriti e malati, incapaci di valutare le conseguenze delle proprie azioni. Spesso non possiamo accettare il fatto che potremmo trovarci dall'altra parte della barricata, e tuttavia è proprio così. Dividiamo il mondo in buoni e cattivi e mettiamo noi stessi dalla parte dei buoni, distanziandoci dall'«altro». E tuttavia è solo identificandosi con l'altro che possiamo mettere in moto il processo della comprensione e del perdono.

Molta gente si offende quando si suppone che essi possano, in determinate situazioni e circostanze, comportarsi in modo nocivo per i propri simili; tuttavia questo è ciò che facciamo, inconsciamente, ogni giorno. Ignoriamo le leggi contro l'inquinamento, rifiutiamo di assumerci la responsabilità per l'istruzione mediocre, la fame nel mondo, la solitudine dei nostri vicini, i maltrattamenti inflitti a vecchi e bambini. La gente è sempre fin troppo pronta a condannare i politici, gli attivisti, i comunisti o chiunque altro piuttosto che ammettere il proprio disimpegno. Quasi tutti sono troppo presi da se stessi per poter valutare i loro atteggiamenti negativi, dannosi e crudeli; ma se usiamo il nostro discernimento ci troveremo a scoprire che ognuno di noi, per scelta o inconsciamente, commette quasi ogni giorno qualche azione sbagliata. Questo non significa, però, che siamo malvagi o che perdiamo il nostro valore di esseri umani capaci di amore. Una sola azione non è motivo sufficiente per svalutare una persona.

Ci sono persone perbene convinte che il loro credo politico, religioso o sociale sia giusto e onesto, e che pertanto si sentono autorizzate a intraprendere crociate dettate dall'intolleranza che causano la morte di migliaia di innocenti. Costoro giustificano le loro azioni demonizzando le loro vittime, considerate come nemici che minacciano la loro sicurezza e la loro fede. Il massacro di My Lai ne è uno dei tanti esempi. È troppo semplicistico condannare tutti coloro che hanno partecipato a quell'infamia come esseri umani abietti e indegni; più difficile è cercare di valutare le circostanze che possono portare delle persone oneste a comportarsi in modo così malvagio. Riusciremo a comprendere e perdonare solo quando potremo guardare queste persone con compassione, come esseri vulnerabili e sensibili quali noi siamo, suscettibili di debolezze, idealismi confusi, paura, panico, fragilità e vigliaccheria. Comprensione solidale e identificazione con la testa e col cuore sono i primi passi necessari per fare breccia nel muro, altrimenti impenetrabile, dei comportamenti che escludono il perdono.

Nei rapporti sani e affettuosi questo si fa sempre, d'istinto. Spesso i genitori passano la vita a perdonare le mancanze dei figli, così come i figli comprendono la possessività dei genitori. Chi ama finge di non vedere i difetti e le debolezze dell'altro. Ciò avviene perché, sapendo di non essere perfetti, consideriamo i nostri rapporti a lungo termine più importanti e preziosi del momentaneo disagio che può esserci causato da una singola azione o da un atteggiamento negativo. Continuiamo ad amare quelli che di tanto in tanto ci feriscono perché li consideriamo persone che valgono, capaci di fare del bene oltre che del male. Li vediamo, nella loro imperfezione, aperti alle possibilità di cambiamento: il nostro amore, in questo modo, si dimostra volto alla comprensione e alla crescita.

L'amore è la maggiore fonte di perdono. Ci permette di valorizzare qualcuno anche se ci ha fatto del male, perché ci fa vedere il torto in prospettiva, separato dalla persona che lo ha commesso. Evitiamo reazioni esagerate. Ci sforziamo, mediante l'empatia, di abbattere le barriere fra chi ha offeso e chi è stato offeso, anche se non capiamo perché lo facciamo. Attraverso questo processo ci avviciniamo, rinnoviamo la fiducia reciproca, capiamo meglio e quindi rafforziamo il nostro presente e proseguiamo con rinnovata fiducia. «Il perdono», dice Jampolsky, «diventa allora il mezzo per correggere i nostri preconcetti; ci permette di vedere in noi stessi e nel prossimo solo l'amore e nient'altro.» Questo è il secondo passo sulla via dell'indulgenza e della comprensione.

Tutto questo può sembrare più semplice di quanto non sia. Anche se, prima di svalutare questo processo, dovremmo forse esaminare le alternative.

Potrebbe essere interessante considerare perché decidiamo di aggrapparci a una vendetta inutile che serve solo ad assorbire la nostra creatività e a impedirci di amare. Dopo tutto, il male è già stato compiuto, è passato e non si può cambiare. Per progredire dobbiamo guardare soltanto al presente e al futuro.

Una mia allieva che era stata malamente piantata dal fidanzato mi disse, con saggezza: «Non posso prendermi in giro. So di amarlo ancora, altrimenti non m'interesserebbe ciò che fa. E se è vero che lo amo, non capisco il bisogno intenso che ho di farlo soffrire, di ferirlo. Sono sentimenti irrazionali e conflittuali. So cosa c'è di razionale nella mia testa, ma il mio cuore sfugge al controllo. Fa male! So che devo perdonare, dimenticare e andare avanti per la mia vita. Lui se n'è andato e si diverte un mondo. Sono io che soffro, quindi tocca a me fare qualcosa in proposito!».

La ragazza ammetteva il suo dolore. Sapeva che avrebbe dovuto, in qualche modo, assumersi la responsabilità del suo futuro. Per andare avanti avrebbe dovuto, per il suo proprio bene, perdonare l'uomo che amava e che l'aveva ferita. Sapeva di non possederlo. Aveva sufficiente stima di se stessa per capire che non poteva avere lui se lui non voleva stare con lei. Sapeva anche che amarlo avrebbe dovuto significare augurarsi la sua felicità. Se per lui essere felice voleva dire fare a meno di lei, non poteva fare altro che tirarsi da parte. Con tutto ciò non negava affatto la sua delusione e la sua rabbia, la sensazione profonda di perdita, di essere stata lasciata. Soffriva così intensamente che per settimane fu incapace di studiare e concentrarsi, tanto che pensò addirittura di abbandonare gli studi. Cercò di instaurare dei nuovi rapporti sentimentali, che fallirono. Alla fine si rese conto che, se voleva uscire da questa situazione penosa, doveva farlo da sola.

La sofferenza emotiva e psicologica debilita almeno altrettanto del dolore fisico. Pochi di noi riusciranno a sfuggire a queste angosce nel corso della loro vita. Evitarle è impossibile. Possiamo solo affrontarle. Il perdono è spesso la migliore, se non l'unica, via d'uscita. Come dice David Augsburger, «perdono è lasciar andare ciò che è stato, lasciar avvenire ciò che sarà e lasciar essere ciò che è». È liberare l'io dal passato e affrontare il futuro con maggior saggezza e rinnovata speranza e fiducia. Il perdono è spesso definito un dono d'amore senza condizioni. Questo implica, non «ti perdonerò *se* o *quando*» ma «ti perdonerò perché devo, se non voglio perdere la speranza di vivere una vita piena».

È interessante notare che dopo che la mia allieva si era finalmente rassegnata, il suo ragazzo tornò da lei, contrito e pentito. Lei, a quel punto, non provava più né rabbia, né rancore, né odio. Accettò di rimettersi con lui, preparata a portare avanti il rapporto con maggiore saggezza e un nuovo, più alto livello di sensibilità. Sentiva di aver perso qualcosa, ma anche che ciò che aveva guadagnato era molto più prezioso. Scoprì di non essere stata sola nel suo dolore, perché anche lui aveva sofferto. Erano pronti a costruire su nuove possibilità basate, non sugli errori passati, ma sulle alternative future.

L'indulgenza non è sempre saggia e ragionevole come in questo caso. Troppo spesso è offerta come un regalo, che implica un atteggiamento di superiorità da parte di chi la concede. In questo caso, non è un vero perdono. Diventa un contratto che porta con sé perdita di dignità, senso di colpa e umiliazioni a non finire. È una forma di ricatto emotivo, con uno dei due che diventa «generoso benefattore» nei confronti del «cattivo peccatore».

Questo non-perdono è, ancora una volta, efficacemente descritto da David Augsberger, che lo chiama «perdono per il predominio dell'io»:

> Ho esaminato, soppesato e giudicato te e il tuo comportamento, e ti ho trovato molto carente di qualità che meritino il mio rispetto; al momento presente io possiedo queste qualità, ma tu no. Ammetto con umiltà la mia forza morale e la tua debolezza, la coerenza del mio comportamento morale e l'inconsistenza della tua immoralità. Perdono i tuoi peccati. D'ora in avanti il nostro rapporto sarà basato sull'ammissione della mia benevolenza nei riguardi del tuo bisogno, e della mia generosità di fronte alla tua colpa. Da oggi in poi troverai il modo opportuno per essermi grato.

Questo non è perdono, bensì vendetta camuffata. Il vero perdono ci riuscirà più facile quando saremo in grado di immedesimarci e di chiedere scusa; se ammetteremo che anche noi siamo degli esseri umani, quindi suscettibili di errore; quando terremo conto di circostanze che potremmo non capire; quando avremo fiducia in ciò che di fondamentalmente buono c'è nell'umanità; quando saremo disposti a ricominciare da capo con compassione e senza rancore. In ebraico la parola compassione deriva da *rechem*, che significa «grembo», con riferimento a una nuova nascita, quindi a un nuovo punto di partenza. Il nuovo inizio porta con sé una comprensione più profonda della futilità di rancori, aspettative, rabbia e odio irrisolti e rinnova la nostra speranza nel potere dell'amore.

C'è un altro aspetto del perdono, ancora più esigente. È un processo elevato, basato sul perdono ma che va ancora oltre: dimenticare. Finché perdoniamo, ma conserviamo il ricordo dell'offesa, il rancore, la sensazione di subire violenza, finché cioè viviamo nell'ombra dell'offesa, non ci può essere perdono. Ho sentito dire che perdonare e non dimenticare è come «seppellire l'ascia di guerra col manico che fuoriesce dal terreno». Così non si fa altro che restare in attesa, pronti per la prossima battaglia.

Abbiamo paura di dimenticare perché crediamo che ciò implichi il pareggio dei conti, la cancellazione dell'offesa e l'ammissione della propria responsabilità per la cattiva azione dell'altro. Ci irrita dover perdonare senza un qualche atto di pentimento o una punizione nei riguardi di chi ha commesso il torto. Ma dimenticare non implica condonare il male fatto. Significa che l'azione appartiene al passato e che per il futuro ce ne dobbiamo liberare, se vogliamo ricominciare a vivere.

Troppo spesso il processo di rievocazione del passato per poter meglio affrontare il presente e il futuro è uno spreco di tempo e serve a poco; diventa niente più che un rivangare e far rivivere i torti subiti, serve soprattutto ad accrescere il nostro disagio, a metterci in guardia, a rinfocolare la nostra rabbia e il nostro rancore e a risvegliare i sospetti. Finché non riusciremo a dimenticare il passato, non saremo mai liberi dal suo potere di far rinascere odio e dolore. Rimarremo sempre invischiati in un processo improduttivo e senza fine. È noto che l'amore non tiene il conto dei torti. Dobbiamo dunque imparare da questi e poi, una volta divenuti più maturi, lasciarli perdere e guardare verso il domani.

Ricordiamoci che non c'è nulla di strano in noi se facciamo fatica a perdonare. Siamo solo esseri umani, vulnerabili e tutt'altro che perfetti. Il male che ci viene fatto è difficile da affrontare, specie se siamo innocenti e non riusciamo a spiegarci il comportamento di un altro. Perché dovremmo essere indulgenti e dimenticare? Perdoniamo, perché in caso contrario il prezzo da pagare è troppo alto. Portare rancore, covare odio, cercare la vendetta sono pratiche autodistruttive che non ci portano a nulla, non soddisfano né guariscono, e viceversa impediscono di progredire e di ricominciare da capo. Sprecano le nostre energie in azioni negative il cui unico risultato è renderci stremati e vuoti. Ci mantengono in uno stato di diffidenza e sospetto. Distruggono la nostra creatività e ritardano la nostra crescita.

Non esiste un momento più gratificante per una persona di quando può sinceramente perdonare ed essere perdonata. In quell'attimo si diventa davvero liberi, di andare avanti come esseri umani in pieno possesso delle proprie facoltà. Le nostre illusioni di perfezione, e quelle degli altri, sono andate in frantumi, e accettiamo e siamo accettati come gli esseri vulnerabili e imperfetti che siamo.

I nostri più grandi filosofi e capi religiosi sono stati anche i più indulgenti. La compassione e il perdono del Budda hanno aiutato milioni di persone a comprendere e ad accettare. Gesù di Nazareth è stato un grande esempio di indulgenza: egli perdonò prostitute e malfattori, il tradimento da parte dei suoi stessi discepoli e, da ultimo, anche i suoi uccisori. Gesù e Budda perdonavano anche se sembrava contro la logica, contro la realtà psichica, addirittura contro quella che è spesso definita «natura umana». Il perdono è uno dei vertici del comportamento umano. Come mi disse una volta un mio insegnante buddista, «Lascia perdere. Perché rimani legato alla sofferenza? Non puoi far nulla per i torti di ieri, e non tocca a te giudicare. E allora perché aggrapparsi proprio a ciò che ti tiene lontano dalla speranza e dall'amore?».

Come suggeriscono quasi tutti i libri sacri: *Non giudicare.* Cerca di capire immedesimandoti, con l'aiuto della compassione; poi, perdonare ti sarà facile. È colui che perdona che, perdonando, si libera. Lascia il giudizio e la vendetta al cielo.

«Rimetti a noi i nostri debiti come noi li rimettiamo ai nostri debitori.»

V

AMARSI CON GIOIA

«L'unica cosa che valga la pena di possedere
in un'esistenza terrena è il senso dell'umorismo.»
Lincoln Steffens

«La felicità è la più grande conquista dell'uomo;
è la risposta del suo essere a un orientamento produttivo
verso se stesso e il mondo esterno.»
Erich Fromm

«Nessun uomo è felice se non è convinto di esserlo.»
Publilio Siro, 50 a.C.

Credo che un rapporto profondo senza gioia, risate e senso dell'umorismo sia impossibile. Forse questa è la ragione per cui dei santi si dice che fossero dei «clown trascendentali». Conrad Hyers, nel suo libro *Zen and the Comic Spirit* (Lo Zen e lo spirito comico), afferma che «i demoni del desiderio e del possesso, dell'ego e dell'ignoranza possono essere esorcizzati attraverso la risata, e ci indicano una specie di riso cosmico a cui si accede passando attraverso la loro smitizzazione».

Sono sicuro che tutti noi siamo stati avvertiti varie volte che la vita non va presa alla leggera, che è «una faccenda maledettamente seria»! Fino a un certo punto, ciò può essere vero. Ma questa mi sembra una ragione in più per conservare e sviluppare un buon senso dell'umorismo. Io, per esempio, mi rendo conto di essere stato salvato molte volte proprio dalla mia capacità di vedere il lato divertente di una situazione, soprattutto di ridere di me stesso e delle mie imperfezioni. So che ci vuole coraggio, e anche un pizzico di follia, per sorridere e ridere in un mondo dove, fin dall'inizio della storia conosciuta, si è continuato a uccidere, violentare, tradire e ferirci tra di noi. Finora non siamo riusciti a dare una risposta a tutto ciò. Forse lasciar perdere la ragione e accettare la nostra umanità come la beffa più grande può offrirci un'alternativa diversa.

Madre Teresa di Calcutta, che presta costantemente la sua opera fra i disperati, gli affamati e i moribondi, vuole che le corsie del suo ospedale risuonino di allegria, perché ritiene che questa sia il più potente veicolo di salute, produttività, forza e vita spirituale. San Francesco di Assisi andava per le strade come un buffone, cercando così di far superare lo sconforto. Santa Teresa d'Avila accoglieva sempre novizie che sapessero ridere, mangiare e dormire. Era sicura che, se mangiavano con appetito, erano sane, se dormivano bene, era più probabile che fossero prive di peccati gravi, e se ridevano, avevano la disposizione d'animo necessaria per sopravvivere a una vita difficile.

Il simbolo del Budda che ride, grasso e fiorente, rappresenta la gioia essenziale del buddismo. Infatti la risata e la felicità sono il nocciolo dell'insegnamento dei buddisti zen. Un certo livello di senso dell'umorismo si trova, disseminato qua e là, in ogni setta religiosa.

Per tutto il corso della nostra storia, i filosofi hanno sottolineato quanto l'allegria sia necessaria alla sopravvivenza. Nel 451 a.C., per esempio, Sofocle ricordava ai suoi discepoli che «l'uomo dal quale le gioie della vita si sono allontanate non è più vivo, ma dovrebbe essere annoverato fra i morti». Il filosofo George Santayana ha detto: «La felicità è l'unica riprova della vita. Dove viene a mancare, l'esistenza rimane solo un esperimento penoso e folle». Robert Louis Stevenson ci avverte che «non c'è dovere da noi sottovalutato quanto quello di essere felici». Perfino la Costituzione degli Stati Uniti annovera la «ricerca della felicità» fra i nostri diritti fondamentali.

E tuttavia, nella nostra epoca, si dimostra, purtroppo, ben poca gioia. Sembra che ci sia qualcosa di strano in chi è felice. L'opinione corrente è che le persone soddisfatte debbano avere qualcosa che non funziona. Li consideriamo sciocchi, frivoli, o del tutto privi di buon senso. Sono sospetti.

La maggior parte di noi si sente addirittura in colpa quand'è felice! Siamo convinti che o saremo puniti per questo oppure che l'angoscia ci aspetti dietro l'angolo. Raymond Moody, nel suo ottimo libro *Laugh after laugh* (Risate su risate), afferma che:

> È bene riconoscere che alcune persone hanno effettivamente paura della gioia, l'euforia, il piacere e altri stati emotivi di solito gradevoli. In molta di questa gente l'essere felici provoca sensi di colpa, vergogna o inadeguatezza.

Questo è senz'altro molto strano.

Gli scienziati evitano quasi del tutto di studiare la gioia, il riso, l'umorismo e la felicità e il loro rapporto con il comportamento umano. Lin Yutang scrive: «Mi ha sempre colpito il fatto che la Felicità sia la materia più accuratamente evitata nella filosofia occidentale».

È raro udire risate sane e fragorose. Se capita, pensiamo sempre che coloro che sono sempre allegri siano ubriachi o fannulloni. Paghiamo addirittura comici professionisti perché ci facciano divertire. Ci pieghiamo in due dal ridere quando li vediamo scimmiottare i nostri comportamenti «normali» e in questo modo rivelare la nostra follia. Ci piacciono i clown. Vestiti in modo bizzarro, si rendono protagonisti di buffonate incredibili e, con la loro divina follia, ci aiutano a scoprire la pura verità sugli uomini. Per qualche momento, il loro modo di fare ci libera dalla camicia di forza della convenzione, dalla noia di una vita di routine e di un comportamento che deve conformarsi alle aspettative degli «altri». I pagliacci toccano quel profondo desiderio dentro di noi di lasciar andare le inibizioni e recuperare la nostra spontaneità, o naturale follia. In fondo, tutti siamo un po' clown – alcuni più tremebondi e inibiti degli altri – ma tutti, indistintamente, clown potenziali.

I comici guardano la vita attraverso il microscopio e sono quindi in grado di farci vedere con chiarezza quello che, nell'inconscio già sappiamo, che la vita è uno scherzo bellissimo, e che noi esseri umani, con la nostra artificiosa serietà, ne siamo spesso al centro!

Di recente mi è stato chiesto di provvedere, con alcuni amici, all'organizzazione di un «vero matrimonio italiano». Come per la maggioranza dei gruppi etnici, anche per gli italiani i matrimoni sono solo appena meno importanti delle nascite. In questo caso, la fase di progettazione aveva assunto proporzioni monumentali, con conseguenti discussioni appassionate e chiassose che sfociavano in soluzioni assurde. La confusione raggiunse il culmine quando si seppe che la madre della sposa era vegetariana: cosa fare, allora, dei mostaccioli e del ragù? Ci voleva la nonna per rimettere le cose a posto. Si mise a ridere e ci disse che ci stavamo comportando tutti come degli allocchi. «Ma state ancora a preoccuparvi della vegetariana? Le preparerò una zucchina ripiena!» Tutti scoppiammo in una fragorosa risata. Il matrimonio fu organizzato, confermando ancora una volta l'arguzia di Giacomo Leopardi quando scrisse: «Colui che ha il coraggio di ridere è padrone del mondo quasi quanto chi è pronto a morire». Siamo ridicoli! Per affermarlo non abbiamo che da guardarci intorno. Un matrimonio, che dovrebbe essere il culmine dell'amore, della fratellanza e della gioia, stava per naufragare perché qualcuno non mangiava carne!

Osservate la gente negli aeroporti, in mezzo alla folla, alle feste, sulle autostrade intasate. Come trattenersi dal ridere? Un uomo è stato appena informato della cancellazione del suo volo, dovuta a problemi tecnici. Lui insiste che l'aereo *deve* decollare, o perderà la sua coincidenza per Chicago! Una bella ragazza rimane seduta nel pieno di una festa, senza fare il minimo sforzo per fare amicizia, e finisce per andarsene lamentandosi di com'era noiosa la serata e di come gli invitati fossero poco socievoli. Una persona si fa largo a gomitate al botteghino per poi trovarsi a dover aspettare un'ora l'inizio del film. Un automobilista schiaccia l'acceleratore a tavoletta per sorpassarvi, per poi inchiodare al prossimo semaforo mentre vi affiancate sorridendo alla sua macchina. Questi sono certamente comportamenti ridicoli che possiamo osservare ogni giorno nella nostra vita. Gli esseri umani sono creature molto comiche e la vita ci fornisce continuamente l'opportunità di farci una risata. Adesso, ciò di cui abbiamo bisogno è imparare a ridere di nuovo.

Ricordo un vecchio film di Jacques Tati, *Le vacanze del signor Hulot*, che aveva inizio con una scena in una stazione dove una folla era in attesa di un treno che doveva arrivare sul binario uno. All'improvviso l'altoparlante annuncia qualcosa del tutto incomprensibile che ha l'effetto di provocare una pazza, inspiegabile corsa verso il binario due. Un istante dopo si sente un altro annuncio ingarbugliato e la stessa folla si lancia, in preda all'angoscia, verso il binario tre. In quel preciso momento ecco il treno arrivare sul binario uno! Ricordo che continuai a ridere anche durante il successivo episodio del film, rivivendo le molte volte in cui Buscaglia era corso su e giù da una piattaforma all'altra, trascinato dalla pazza folla! Certamente situazioni come queste hanno fatto affermare a George Santayana: «Il riso, come sono arrivato a considerarlo nella mia vecchiaia, non è che il lato giovane e innocente del pentimento, del malinteso e del disinganno». Victor Borge ha detto: «Il riso è la distanza più breve fra due persone».

Ridere è la maniera più sicura per avvicinarsi alla gente. George Bernard Shaw, il grande cinico e filosofo, conveniva che «col riso si può sconfiggere il male senza rancore ed esprimere cordialità senza sdolcinatezze».

Tutti abbiamo sperimentato situazioni in cui una risata condivisa ha fatto diventare caldo, fertile e gioioso un rapporto che, fino a pochi istanti prima, era teso e angosciato.

La felicità è connessa etimologicamente, e in realtà, con la parola «accadere». [In inglese felicità = *happiness* e accadere = *happen* presentano assonanza. (*N.d.T.*)] È sempre parte di un avvenimento della vita che va e viene. Solo uno sciocco si aspetta di trovarla sempre, o di poterla tenere in pugno dopo averla trovata. La felicità deriva sempre da qualche sentimento o azione, e tuttavia, pur sapendolo, molti di noi passano la vita in una frenetica «ricerca della felicità», in un folle inseguimento della «gioia». Ci lamentiamo del grigiore dei nostri rapporti. Ci comportiamo come se queste cose debbano potersi trovare «da qualche parte». Raramente accettiamo l'idea che la felicità sia *dentro* di noi. Una delle grandi intuizioni della vita è quella che Soren Kierkegaard descrive così: «Un uomo, il cui interesse è sempre rivolto verso l'esterno, pensa che la felicità si trovi al di fuori di lui finché non si guarda dentro e ne scopre la fonte in se stesso».

Non possiamo cercare la felicità come se fosse un oggetto smarrito. Siamo noi a crearcela. La definiamo in relazione a noi stessi e la sperimentiamo in un modo che è solo nostro. Nessuno può essere felice al nostro posto né dirci cosa ci renderebbe felici, benché la gente ci provi sempre. Quello che più rattrista è che cadiamo nelle trappole di Madison Avenue e ci facciamo convincere che la felicità sia il drink giusto, l'automobile vistosa, il deodorante profumato, il cereale-tutto-salute o lo spuntino speciale. Anche i più saggi fra noi sono sedotti dallo spot televisivo azzeccato o dalla grafica pubblicitaria accattivante che fanno credere di poter trasformare la propria vita cambiando marca di dentifricio. Non ci fermiamo mai a pensare che nulla al mondo che ci possa essere dato o negato ci porterà la felicità, a meno che non lo vogliamo. In effetti, le persone più felici di questo mondo lo sarebbero probabilmente lo stesso anche se fossero private di tutto tranne che della vita.

Ricordo che nei miei viaggi in Asia incontravo di continuo persone che, a giudicare dai nostri standard, avevano poco più di quanto bastasse per la sopravvivenza, e tuttavia vivevano con gioia genuina. La loro esistenza era piena di sorrisi, canti, danze e celebrazioni di quel poco che avevano. È ovvio che non intendo propagare l'ingenua utopia del «contadino felice». Tutti coloro che lo desiderano dovrebbero essere in grado di migliorare le proprie condizioni sociali e raggiungere qualsiasi meta vogliano per il loro miglioramento e la loro felicità. Sto solo dicendo che per conoscere la gioia e la felicità nulla è indispensabile agli essere umani se non *la vita stessa.*

Ciò mi è stato costantemente confermato nel corso del mio lavoro con gli handicappati. Ho visto dei tetraplegici che accettavano la vita col sorriso, mentre quelli che si occupavano di loro, pur avendo tutti i vantaggi fisici, erano spesso infelici, insoddisfatti e depressi. È strano, ma fra le persone più felici che io abbia mai conosciuto c'erano proprio quelli che non avevano particolari ragioni di esserlo, che erano felici e basta. Sembravano avere in comune un coraggio straordinario, volontà di rischiare, disponibilità a essere sconfitti senza prendersela, fiducia in se stessi, una grande riserva di energie, fede nella propria unicità creativa e la capacità di non abbandonare per strada i propri sogni.

Forse molta felicità è persa mentre la si cerca. Hawthorne nei suoi *American Notebooks* (Quaderni americani) dice che la felicità arriva sempre per caso. «Ma se solo ci mettiamo a inseguirla si burla di noi e non si lascia più raggiungere.» Egli suggerisce di abbandonare l'inseguimento e di ricercare qualcos'altro, del tutto non pertinente: in questo modo spesso inciampiamo nella felicità senza mai aver immaginato che l'avremmo trovata proprio lì.

Siamo troppo razionali nei nostri rapporti, troppo ordinati, organizzati e prevedibili. Abbiamo bisogno di trovare un posto, proprio al di qua dell'irrazionalità e della follia, dove poter, di tanto in tanto, lasciare la dimensione mondana e diventare spontanei, pronti a nuove scoperte: un livello che ci stimoli a un maggior senso del rischio e della libertà, un ambiente attivo e pieno di sorprese, che ci sappia stupire. Qui, idee e sentimenti che sarebbero stati altrimenti difficili da definire possono venir espressi liberamente. In un ambiente molto simpatico trovare un legame amoroso è facile. Quando ridiamo insieme aggiriamo ragione e logica, come pagliacci. Parliamo una lingua universale. Ci sentiamo vicini l'uno all'altro.

Gioia, senso dell'umorismo, risate sono tutti strumenti meravigliosi e facilmente accessibili per dare benessere a un rapporto, e possono essere usati per superare tensioni e inibizioni. William Fry dell'Università di Stanford ha di recente affermato che ridere aiuta la digestione (lasciate perdere le vostre pastiglie), stimola il cuore e rafforza i muscoli (lasciate perdere il jogging), attiva le funzioni creative del cervello e mantiene i riflessi pronti (lasciate perdere gli stimolanti artificiali). Il tutto con una bella sghignazzata.

Felicità e allegria sono semplicemente stati d'animo e come tali possono aiutarci a trovare soluzioni creative. Quando ci sentiamo allegri, euforici, felici siamo più aperti alla vita, capaci di vedere le cose con maggiore chiarezza e controllare le tensioni quotidiane. Quando si ride, il corpo produce un ormone particolare che è un analgesico naturale. Norman Cousins sostiene di essersi curato di una grave malattia con, fra le altre cose, il potere della risata. Una bella sghignazzata fragorosa, di quelle da rotolarsi per terra, smuove e fa vibrare tutti gli organi vitali, proprio come il jogging. Quindi, se siamo troppo pigri per correre, possiamo ridere lungo la strada verso la buona salute! Buttate via la confezione di aspirina e ridacchiate fino a che lo sconforto se ne va.

Per anni mi è stato ripetuto che prendevo la vita troppo alla leggera, e che questo atteggiamento mi avrebbe sicuramente portato alla completa rovina. Un uomo con i miei precedenti professionali dovrebbe dare l'esempio: essere serio e severo, con «i piedi ben piantati per terra». Con i miei due piedi «piantati saldamente per terra» ho scoperto di non potermi mettere i pantaloni! Con i piedi per aria ora è più facile!

«La gioia entra nella nostra vita» dice Joseph Addison «quando abbiamo qualcosa da fare, qualcosa da amare, e qualcosa per cui sperare.»

Vivete con pienezza e abbandono, amate fino in fondo, senza paura, sperate alla grande e non abbandonate mai i vostri sogni. Ci aiuteranno, ma la gioia sarà nostra solo quando la sceglieremo. Come ci ha ricordato Abramo Lincoln, «la maggior parte della gente è felice tanto quanto decide di esserlo».

Molti rapporti sono stati risanati da una bella, fragorosa risata.

VI

AMARE TANTO DA LASCIAR LIBERO L'ALTRO: LA GELOSIA

«Pensavo che la gelosia fosse un'idea.
Non lo è. È una sofferenza. Ma non mi faceva sentire
come in un melodramma di Broadway.
Non desideravo uccidere nessuno. Volevo solo morire.»

Floyd Dell

«La gelosia è deliziosa durante il corteggiamento
e praticamente essenziale nel primo anno di matrimonio:
dopo, diventa una tortura cinese.»

Secudes, 1957

«Lo ucciderò» mi disse la donna. «Lo amo tanto che preferirei vederlo morto, piuttosto che con un'altra!» Una reazione strana e irrazionale, oppure molto umana? Nessun dizionario potrebbe definire quel disperato groviglio di sentimenti che chiamiamo gelosia. Sono sensazioni così universali e potenti che pochi di noi sono preparati ad affrontarle quando, spesso quando meno ce lo aspettiamo, ci sovrastano; emozioni che hanno il potere di sopraffarci e distruggere anche il rapporto in apparenza più stabile, la persona più razionale. Un fazzoletto smarrito bastò a far impazzire Otello al punto da assassinare la sua fedele e amorosa moglie Desdemona. L'amore di Giasone per un'altra fu sufficiente perché Medea, per vendetta, uccidesse i loro figli! E non c'è bisogno di cercare esempi come questi nella storia o nella mitologia; i quotidiani ne riportano tutti i giorni.

A un certo punto della nostra vita, tutti abbiamo provato gelosia: davanti a essa, non contano né la posizione sociale, né il livello economico o intellettuale, né l'età.

Ricordo un sentimento spiacevole, frustrante e piuttosto spaventoso, che mi colse da bambino. Avevo una cagnetta adorabile, Queeny, regalatami per il mio settimo compleanno. Era stata regalata a *me*. Era piena di affetto, desiderosa di riceverne e pronta a dispensarne a tutti con generosità. Io ero livido per l'attenzione che dimostrava agli altri. Nessuno mi aveva *insegnato* a esserne geloso; eppure, lo ero; e mi faceva soffrire oltre ogni dire. Dopo tutto, non avevo io forse il diritto di ricevere tutto il suo affetto? Io la lavavo, le davo da mangiare e mi precipitavo a pulire dove sporcava. Era *mia*. La sua sfacciata attenzione verso gli altri la percepivo come un insulto diretto a me. Come osava! Mi sentivo ipocrita e allo stesso tempo me ne vergognavo. Mi sentivo onnipotente, ma allo stesso tempo sapevo di essere impotente. Pensavo in modo razionale, ma mi comportavo irrazionalmente. Sapevo di non poter impedire a Queeny di essere affettuosa con gli altri, sapevo che ciò non diminuiva il suo affetto per me, ma non serviva a niente. I miei sentimenti vacillavano fra amore e odio. Ero sopraffatto dal desiderio di controllare e possedere. Mi ci volle un bel po' di tempo per arrivare a rendermi conto che nel suo deciso amore per tutti, la piccola Queeny era libera, mentre io ero prigioniero della mia cupidigia.

La gelosia è un sentimento universale. Finché non si agisce seguendo il suo impulso, non è né morbosa né patologica. Il sentimento, quindi, è normale: è il comportamento che provoca che, spesso, è irrazionale.

La gelosia non è un sentimento necessariamente negativo. Spesso, ci svela quanto una persona sia importante per noi. Gli impulsi della gelosia possono anche servire a far affiorare le nostre esigenze nevrotiche e quindi a correggere il nostro comportamento. Sigmund Freud ha affermato che «la gelosia, come il dolore, è uno di quegli stati affettivi che possono essere descritti come normali». In effetti, Freud riteneva che coloro i quali pensano di essere del tutto immuni dalla gelosia probabilmente si illudano o semplicemente reprimano i propri sentimenti, estromettendoli dalla propria vita cosciente. Come risultato, costoro sono costretti ad affrontare le ramificazioni della gelosia su un piano di comportamento *inconscio*. Così, repressa e sottratta al controllo della mente razionale, la gelosia può esplodere in qualsiasi momento senza preavviso ed essere quindi di gran lunga più pericolosa. Naturalmente, Freud non ipotizza se le forme estreme di gelosia – fissazioni e altre forme patologiche – siano da considerarsi normali. Come altri studiosi che si sono occupati della gelosia, egli riteneva importante sottolineare che, anche se tutti noi fino a un certo punto conosciamo questo sentimento, esso diventa patologico solo quando ci rifiutiamo di affrontarlo in modo razionale.

La gelosia può essere positiva o negativa, a seconda non tanto di quel che proviamo, ma di quel che facciamo e di come ci comportiamo in base a ciò che proviamo. La gelosia non sussiste nel vuoto. È stimolata soprattutto dai rapporti attivi e affettuosi con gli altri. Spesso, più siamo coinvolti più rischiamo di esserne preda. Di solito, un rapporto nasce in base a un'attrazione reciproca; quando quest'attrazione cresce, spesso genera il desiderio di possesso. Ci isoliamo dalla gente. Parliamo felicemente della *mia* ragazza, il *mio* fidanzato, *mia* moglie, la *mia* famiglia, il *mio* bambino, i *miei* colleghi di lavoro. Più ci si avvicina l'uno all'altro, più si è disposti ad assumere responsabilità reciproche. Si ascoltano con interesse le storie dell'altro e si osservano i suoi modelli di comportamento. Si conoscono gli amici comuni e i familiari, si condividono preoccupazioni, paure, decisioni, modi di azione e di reazione. In altre parole, si acquista un maggior interesse l'uno per l'altro in quanto essere umano unico e separato. Progettiamo con entusiasmo il passaggio da «io» e «me» a un'unità nuova e più preziosa, chiamata «noi». Dedichiamo tempo ed energia a tutto quello che accrescerà e definirà ulteriormente questa nuova unità. Traiamo piacere dalla «nostra canzone», dal «nostro ristorante», dalla nostra «esperienza comune», dai nomignoli particolari con cui ci chiamiamo. Ci sforziamo di continuo di fonderci in uno solo, di condividere convinzioni, opinioni, lealtà e fiducia.

Mentre cerchiamo di mettere in pratica questi modelli di comportamento complessi e sottili, senza una sicurezza effettiva garantita, siamo continuamente resi vulnerabili dalla gelosia. «Lui fa tardi tornando dall'ufficio», «Lei sta facendo troppe nuove amicizie», «Mi escludono». Qualsiasi minaccia al «nostro» sogno appena nato può provocarci la paura di perderlo e un senso di panico rispetto alla possibilità di veder svanire quanto di buono abbiamo costruito. Restiamo soli a soffrire per la nostra perdita, a lottare senza, in apparenza, nessuno a cui rivolgerci. Nessuno può veramente capire il nostro dolore, il nostro panico, la nostra paura. Potremmo anche renderci conto, con la ragione, che questi sentimenti sono ingiustificati; ma, nella nostra vergogna, non siamo capaci di spiegarli agli altri. Così, soli, amareggiati e impotenti, non possiamo far altro che cominciare a scaricare la colpa della nostra sofferenza all'esterno, verso altre persone. Di certo, non ne siamo noi la causa: il *loro* comportamento ne è responsabile, sono *loro* che ci hanno tradito, che hanno minato la solidità del rapporto e hanno rovinato il mondo meraviglioso che avevamo costruito insieme. La colpa è sempre di un altro. Il fallimento dell'unità «noi» non è mai il nostro fallimento. Soli, brancoliamo in cerca di sostegno. Spesso riusciamo a trovarlo trasferendo la colpa sugli altri.

Beecher, in *The Mark of Cain* (Il marchio di Caino), afferma:

> Tendono a puntare il dito accusatore *fuori* da se stessi, verso qualche altra persona, come se questa fosse responsabile del loro sconforto e delle loro insicurezze. Nessuno, è ovvio, viene mai distrutto da un altro in questo senso: un individuo geloso, o altrimenti disturbato, si auto-distrugge *dal di dentro*.

La gelosia può essere gestita in varie maniere. Forse, la reazione più istintiva davanti alla sicurezza ed al possesso minacciati è l'aggressione: il combattere per ciò che crediamo sia nostro, di diritto. Alcuni di noi cercano di darsi una spiegazione. Ci diciamo che l'altra persona è inferiore a noi. Ci convinciamo di essere superiori alla circostanza, che è addirittura troppo insignificante per essere affrontata. Così, talvolta, riusciamo a placare per un po' la sofferenza; alcuni riescono addirittura a reprimere del tutto queste sensazioni. La psiche umana è stupefacente: spesso arriviamo a seppellire del tutto le nostre emozioni, così da farle sembrare inesistenti. Almeno per un po'.

Altri battono in ritirata. Fuggono la situazione e si convincono che ciò che non sanno non li può ferire. Altri ancora se ne allontanano, credendo che, più vicini sono alla fonte del dolore, più soffriranno, e che maggiore è la distanza maggiori sono le probabilità che la sofferenza si attenui.

Ci sono quelli che si divertono a recitare la parte della vittima. Soffriranno in silenzio, morendo cento strazianti morti al giorno. Sono impotenti, ma non fanno niente per cambiare. Aspettano, sperano, pregano che le cose migliorino.

E poi ci sono i sadici. Gridano e accusano e minacciano e si azzuffano. Stringono le labbra, aggrottano la fronte e giurano che si prenderanno una rivincita. Cercano mille maniere per ferire colei, o colui, che una volta amavano così teneramente. Sono decisi a «fargliela vedere» e a dimostrare che «anche loro sanno fare certi giochini».

Benché alcune delle suddette manovre a volte per qualcuno funzionino, la maggior parte di noi le considera soltanto diversivi temporanei dai sentimenti di impotenza e disperazione suscitati dalla gelosia. Soffocare queste emozioni nella droga e nell'alcool, con rapporti occasionali e divertimenti sfrenati, non è altro che una soluzione passeggera; e, una volta conclusasi la breve tregua, ci troviamo di nuovo faccia a faccia con la nostra rabbia e il nostro senso di vuoto, irrisolti.

Dal momento che pochi tra quelli che decidono di instaurare dei rapporti con gli altri saranno risparmiati dalla gelosia, è meglio cercare vie più sicure e durevoli per venire a patti con questa emozione. Il grande psicanalista e filosofo Theodore Reich ha affermato: «La gelosia è un sintomo di qualcosa che non funziona, senza essere necessariamente marcio, nell'organismo dell'amore». Forse considerare la gelosia come un segnale di «qualcosa che non funziona» è il primo passo positivo verso la guarigione, visto che combatterla o cercare di negarla non risolve, in realtà, niente. L'unica soluzione effettiva per la gelosia sembra essere quella di viverla e di cercare di venirne a capo; del resto, provare una forte emozione è necessario per provocare dei cambiamenti. L'antropologa Margaret Mead sostiene che la gelosia è «una zona infetta in ogni personalità che ne soffre, un atteggiamento inefficace e negativo che ha molte più probabilità di perdere che di raggiungere qualsiasi risultato». Tuttavia la Mead ammette che la gelosia può essere utile, nella misura in cui causa la passione e l'intensità, da cui nasce l'azione. Nei suoi studi antropologici sulle popolazioni delle isole Samoa non ha trovato gelosia, ma neanche molta intensità di sentimenti, motivazioni o competizione.

Noi, e soltanto noi, siamo responsabili della nostra gelosia. Biasimare gli altri per ciò che proviamo non dà risultati. Cambieremo solo quando saremo disposti a prenderci la responsabilità della nostra gelosia come un'emozione non dannosa di per se stessa, ma solo se ci spinge ad agire in modo negativo. Sollevando gli altri dal peso di una nostra responsabilità, saremo poi in grado di agire produttivamente per risolvere il problema.

Rollo May, il famoso analista, sostiene:

Di fronte alla gelosia bisogna innanzi tutto rivolgere la propria attenzione a se stessi e chiedersi: come mai la mia autostima è così bassa? Certo, questa è una domanda a cui è difficile dare una risposta. Ma almeno riversa le proprie preoccupazioni verso una zona su cui è possibile agire direttamente.

Chi si aggrappa alla gelosia distrugge *se stesso*; disperde in un sentimento sterile energie che potrebbero essere invece incanalate verso soluzioni creative. Naturalmente, nessuno sceglie di essere geloso; succede, e basta. L'essenziale è modificare i convincimenti e i valori che hanno causato la reazione. La gelosia genera molte emozioni, ma produce in realtà una scarsa azione diretta. Diventa un processo insidioso che ci impedisce di vedere le cose con chiarezza, nutre solo se stesso e finisce per farci sentire impotenti; come tale, è nella maggior parte dei casi un prodotto dell'insicurezza e scarsa considerazione di sé. Ci pare di avere meno da offrire dell'oggetto della nostra gelosia. Diventiamo incapaci di usare la nostra razionalità. Non riusciamo più a vedere i nostri punti di forza e ci lasciamo sopraffare da quelle che, siamo convinti, siano debolezze e inadeguatezze congenite. Ci sentiamo insignificanti. Perdiamo il senso della nostra dignità e del nostro valore. Diventiamo frenetici, paralizzati e timorosi di agire. Dimentichiamo il semplice fatto che, solo perché qualcuno sceglie di non rispettare le condizioni di base del nostro rapporto, ciò non significa che il nostro o il suo valore come essere umano debba diminuire. Dimentichiamo che non è lecito obbligare qualcuno a rispettare le nostre esigenze, a essere come vogliamo che sia, a fare quello che vogliamo che faccia, a reagire come vorremmo e a provare quello che noi pensiamo dovrebbe provare. Tutto ciò è umanamente impossibile, è un'illusione, un'utopia. Anche se un'altra persona accondiscende a essere «nostra», bene che vada si tratta solo di un modo di dire.

Forse dobbiamo finalmente accettare il fatto che non potremo mai possedere un altro essere umano. La decisione di stare insieme è un accordo fra due unità indipendenti, che resteranno sempre, in un certo senso, separate. Dobbiamo imparare che amare gli altri significa anche volere che siano loro stessi – per quanto doloroso ciò possa essere – con o senza di noi. Dopo che è stato detto tutto e fatto ogni tentativo, che altro possiamo se non augurare loro ogni bene? Se un amico o una persona amata se ne vogliono andare, anche se escogitiamo mille maniere per trattenerli, non avremo successo. E quanto poco sminuiamo noi stessi quando ci diamo da fare per abbindolare qualcuno che preferirebbe essere altrove! Possiamo fare a meno di queste persone nella nostra vita.

La gelosia si attenua solo quando riacquistiamo il significato del nostro valore e del rispetto di noi stessi, smettiamo di interiorizzare il problema e cominciamo a considerarlo obiettivamente, come qualcosa che ha origine dalle nostre esigenze personali. Queste possono essere un nostro desiderio di lealtà, o di status. Possono nascere dalle nostre insicurezze, dalla nostra necessità di controllare e possedere, dal nostro bisogno di esclusività o dalla paura di perdere la faccia.

La lealtà in un rapporto si basa sulla fiducia e sul rispetto. Può solo essere offerta, non pretesa. Si fonda su una dedizione volontaria. I rapporti sono costantemente in evoluzione: un accordo reciproco di onestà e lealtà sarà la base per la fiducia futura. Pertanto la lealtà è un patto, così come la fedeltà. Prima si discutono e si concordano queste cose, più sicuro sarà l'avvenire del rapporto. È ovvio che la decisione dev'essere reciproca e vincolante. Qualsiasi modifica successiva di quello che ci si aspetta reciprocamente dev'essere accettata, discussa e diventare il punto di partenza di nuove decisioni.

La parola «gelosia» ha origine dalla parola greca *jeal*. Significa che una proprietà di valore è in pericolo e che bisogna prendere provvedimenti. Implica che ciò che è considerato un fenomeno negativo può mutare, nel tempo, in uno positivo. A mano a mano che il rapporto – e coloro che ne fanno parte – diventano più forti e più saldi, la gelosia sarà minimizzata. Imparare a lasciar liberi, dato che molti di noi sono ancora convinti che l'amore voglia dire «tenere a tutti i costi», è molto difficile. Forse il più grande amore presuppone la più grande libertà. C'è un vecchio detto che afferma che bisogna liberare l'amore, e solo quando torna da te saprai se è autentico.

Quando avremo finalmente sconfitto la gelosia, ne emergeremo come amanti più forti e migliori. Capiremo la solidità e la gioia che derivano dalla capacità di risolvere i nostri problemi, provvedere ai nostri bisogni e amare, come esseri liberi, senza pretendere nulla. Come in tutte le cose, dopo aver dominato un livello inferiore, ci eleveremo a vette nuove e più alte.

Eleanor Roosevelt ha detto:

> Ogni volta che affrontate una situazione che sul momento appare impossibile e vi fa passare le pene dell'inferno, una volta che l'avete vissuta a superata siete, per sempre, più liberi di prima.

Non abbiate paura della gelosia. È un'emozione normale e naturale. Tutti coloro che amano la provano, prima o poi. La scelta fondamentale è se permettere alla vostra gelosia di diventare un mostro vorace, capace di distruggere voi e coloro che amate, oppure di diventare una sfida per crescere nel rispetto di se stessi e nella conoscenza interiore. La sfida resta aperta, davanti a voi.

VII

AMARSI CON TENEREZZA

«Nel momento in cui ci abbandoniamo agli affetti, il mondo è trasformato.»
Emerson

«Non parlare di amore sprecato. L'amore non si spreca mai.»
Longfellow

La donna fissava con una certa tristezza la borsa che teneva sulle ginocchia quando mi disse, sconsolata: «So che mio marito può essere tenero e affettuoso. Col cane, si comporta così».

Col cane! Come molti sanno, io cerco sempre di mescolarmi al pubblico dopo le mie conferenze. È un'occasione per essere allegri, scambiarsi saluti e abbracci amichevoli. A ogni conferenza trovo almeno una persona simpatica, spesso anziana, che mentre ci abbracciamo mi sussurra: «Lei è il primo uomo che mi abbraccia da quando è morto mio marito sette anni fa!». Incontro uomini che ammettono di non aver mai abbracciato altri uomini, neppure i loro figli, da quando erano bambini. «È una sensazione piacevole» dicono spesso. Ne ricordo uno in particolare, che sospirando mi disse: «È come tornare di nuovo a casa».

Di solito genitori e insegnanti toccano i bambini solo quando li spingono, li trascinano e li dirigono di qua e di là; questo, nonostante sia stato chiaramente dimostrato che esiste un rapporto direttamente proporzionale tra l'intimità fisica sperimentata dai bambini e la loro salute fisica e mentale.

La maggior parte di noi non abbraccia mai pienamente, neanche le persone amate. È interessante: in apparenza riserviamo i nostri abbracci ai contatti sessuali, a quando abbiamo appena vinto il primo premio a una lotteria o ai momenti tragici della nostra vita, corsie d'ospedale o funerali.

Il bisogno di calore fisico diventa più evidente in momenti drammatici. In seguito a terremoti, inondazioni e incidenti gravi, ci gettiamo, disperati, fra le braccia di un altro essere umano, cercando sicurezza. È altresì interessante notare come certi uomini, che in altre circostanze non adotterebbero mai un simile comportamento, dopo una vittoria sportiva si abbracciano, si danno pacche sulla schiena e si baciano, in preda a un'euforia incontrollata.

Il bisogno di dimostrare l'affetto è naturale. Ma per qualche misteriosa ragione equipariamo tenerezza con sentimentalismo, debolezza e vulnerabilità. Sembra che abbiamo altrettanta paura a darne che a riceverne. Desmond Morris, nel suo importante libro *Il comportamento intimo* (Mondadori, Milano 1972) afferma che questa convinzione ci porta ad...

...approdare a una condizione nella quale ogni tipo di contatto ci pare repellente, e toccare, o essere toccati, equivale a ferire o essere feriti. In un certo senso questo è diventato uno dei mali maggiori della nostra epoca, una grave malattia sociale della civiltà moderna che dobbiamo curare prima che sia troppo tardi. Se non facciamo fronte a questo pericolo, c'è il rischio che possa crescere di generazione in generazione, come certi velenosi additivi chimici nei prodotti alimentari; finché il danno diventerà irreparabile.

Per fortuna, a dispetto di noi stessi, la maggior parte di noi tocca gli altri ogni giorno senza pensarci. Ci stringiamo la mano, ci diamo pacche sulla schiena, ci arruffiamo per scherzo i capelli o, più formalmente, ci abbracciamo ballando. Queste sono forme comuni, fisiche ma non sessuali di esprimere affetto. Sono modi molto umani di avvicinarci agli altri, di manifestare il nostro amore e la nostra comprensione o di trasmettere calore. Sono semplici gesti umani. Eppure, costituiscono, per alcuni di noi, ostacoli insormontabili.

Il noto psichiatra Harold Bloomfield, nel suo libro *Making Peace with Your Parents* (Fare la pace con i vostri genitori), racconta di non essere stato capace di abbracciare suo padre fino a quando scoprì che stava morendo di cancro. Dovettero ripercorrere tutto il cammino, da un primo abbraccio goffo e imbarazzato a uno che si concluse con un'autentica dichiarazione di affetto: «Ti voglio bene». Quell'abbraccio guarì il dottor Bloomfield e diede nuova vita a suo padre, a sua madre e all'intera famiglia.

Ricordo un classico del cinema italiano, del grande regista Antonioni, che narra la fine di una lunga e importante storia d'amore. Lui, disperato, in lacrime, siede con la testa fra le mani, incapace di proferir parola. La sua ragazza sa che basterebbe toccarlo gentilmente su una spalla per toglierlo da uno stato di angoscia e di impotenza. Ci prova diverse volte, ma è come se la sua mano fosse troppo pesante: alla fine raccoglie la borsa e il foulard e in silenzio abbandona la stanza. Era una scena agghiacciante.

Questo tipo di comportamento è sempre stato per me difficile da capire. Ricordo la confusione provata da piccolo, venendo da una famiglia molto legata come la mia, quando scoprii che gli altri bambini non sedevano sulle ginocchia dei genitori per farsi coccolare, né baciavano e abbracciavano gli altri della famiglia e gli ospiti a ogni piè sospinto. Io avevo l'abitudine di abbracciare i miei compagni di scuola, i quali poi dicevano che ero «strano». Anche i miei insegnanti non erano da meno. «Metti giù quelle mani! In questo paese, nessuno si comporta così» mi sgridavano. Ricordo di aver risposto per giustificarmi: «A casa mia sì». «Be', non nella mia classe!» furono le parole che chiusero la questione.

Anche adesso, tendo ad allargare le braccia agli altri quando li incontro, il che è considerato dai molti che non mi conoscono bene un approccio piuttosto sciocсante, o semplicemente una posa. Di qui il frivolo soprannome di «Dottor Abbraccio». Altri reagiscono come se attentassi alla loro privacy. Judith Martin che, sotto lo pseudonimo di Signorina Buone Maniere, scrive di etichetta, mi chiese addirittura di non toccarla, dato che, aggiunse, permetteva di farlo solo a suo marito e a Luigi XIV. Alla fine l'abbracciai lo stesso, sperando che ricevesse sufficienti abbracci dal marito, visto che per il Re Sole, purtroppo, era già tardi. Ricordo un popolare presentatore della televisione che prima di andare in onda si cautelò dicendomi: «Mi raccomando, tenga giù le mani, sono un uomo e non desidero che il mio pubblico pensi che sono omosessuale». D'altra parte, molti altri tra cui Phil Donahue, Diane Sawyer e Hugh Downs si sono dimostrati assai disponibili a un abbraccio. Uno spettatore molto sincero di uno show di Donahue a cui partecipavo era veramente sconvolto dall'idea che la mia «politica dell'abbraccio» potesse creare una nazione di pervertiti sessuali.

Desmond Morris ipotizza che la paura del contatto derivi da vecchi tabù sessuali, spesso inconsci. Questa idea ha reso molto difficile per noi avere un contatto fisico che non abbia implicazioni di ordine sessuale. Ne risulta, secondo Morris,

> ...una massiccia inibizione della nostra intimità corporea non-sessuale, che coinvolge i rapporti con genitori e figli (attenti, Edipo!), i nostri fratelli e sorelle (attenti, incesto!), i nostri amici dello stesso sesso (attenti, omosessualità!), i nostri amici del sesso opposto (attenti, adulterio!), e le nostre conoscenze casuali (attenti, promiscuità!). Tutto ciò è comprensibile ma non assolutamente necessario.

In effetti, è stato dimostrato che la nostra capacità di lasciarci coinvolgere emotivamente dagli altri, di imparare ad aver fiducia, ad amare e a farsi amare, si riallaccia direttamente alle nostre esperienze infantili di carezze, «coccole» e tenerezza. Impariamo a conoscere l'affetto da questi modelli; sperimentiamo la sicurezza nel calore di un abbraccio ricevuto nel momento del bisogno; apprendiamo a vivere la tenerezza da dolci esperienze con gli altri. Dall'istante del concepimento, il feto è teneramente avviluppato nel caldo abbraccio del grembo. Dopo la nascita la continuità di questa sicurezza è così essenziale che un bimbo che non viene accarezzato e cullato formerà un legame di dipendenza con qualsiasi cosa abbia intorno, fosse pure un animale di pezza o una vice-mamma scimmia. Se gli viene negata qualsiasi esperienza umana tattile, il bimbo morirà.

Una semplice carezza ha il potere di cambiare una vita intera. Un caldo abbraccio, evitato nel momento cruciale in cui l'altro ne ha un bisogno disperato, può facilmente essere l'atto – meglio, il non-atto – che finisce per distruggere un rapporto, o addirittura una nazione!

Le nostre esigenze fisiche continuano per tutta la durata della nostra vita e nessun tipo di restrizione o sofisticazione culturale può riuscire a eliminarle. Noi siamo limitati da tabù non scritti sul contatto fisico. Spesso restiamo scioccati quando, viaggiando in Europa, Africa o Asia, troviamo gente che si abbraccia, si appoggia, si tiene per mano, insomma stabilisce continui contatti fisici.

Helen Colton, nel suo libro interessante e provocatorio, *The Gift of Touch* (Il dono del contatto), racconta numerosi esperimenti di contatto che hanno rivelato benefici sia a livello emotivo che intellettuale. Scrive di un antropologo che fece uno studio comparato sulle abitudini in questo campo di americani e parigini e scoprì che in un'ora due amici europei si toccano almeno cento volte, mentre due americani non più di tre o quattro.

La nostra capacità di creare dei rapporti umani sarà determinata in larga misura dalle esperienze di contatto avute fin dall'inizio della nostra vita. È senz'altro vero che nessuno si aspetta, per esempio, che una madre si comporti allo stesso modo, in termini di dimostrazioni fisiche di affetto, nei confronti di un giovane adulto o di un adolescente e di un neonato. L'affetto segue necessariamente un'evoluzione di quantità e qualità, ma dimostrarlo è necessario alla salute a ogni stadio di sviluppo. In effetti, la quantità di bene che vogliamo a un altro si può misurare dalla quantità di tempo ed energia che dedichiamo alla disponibilità fisica. È naturale desiderare di stare vicino a coloro che amiamo.

Le componenti chimiche del nostro corpo subiscono una trasformazione quando siamo fisicamente vicini a un altro. Così come il corpo fronteggia le situazioni di pericolo pompando più adrenalina nel sangue – il che ci spinge a prendere decisioni di autodifesa come fuggire, lottare, attaccare o altro – lo stesso accade con la vicinanza. Se abbiamo imparato a diffidare o a temere l'intimità, si produrrà in noi la stessa reazione che provoca una situazione di minaccia, e così cercheremo di mantenere le distanze. I nostri comportamenti affettivi sono condizionati: se temiamo i contatti, li fuggiremo oppure impareremo a creare distanze di sicurezza. Però, man mano che apprendiamo la gioia dell'intimità, il nostro corpo risponderà in sintonia, con sensazioni diffuse di benessere, rilassamento, sicurezza, tenerezza, tranquillità, che ci permetteranno di continuare ad avvicinarci agli altri.

Harold Lyon, nel suo libro *Tenderness is Strength* (Tenerezza è forza) dice:

Abbiamo perso di vista il fatto che noi esseri umani siamo, in un certo senso, come piccoli animali senza nemmeno una pelliccia o denti aguzzi per difenderci. Ciò che ci protegge non è la cattiveria ma l'umanità: la capacità di amare gli altri e di accettare l'amore che gli altri vogliono offrirci. Non è la nostra durezza a darci il tepore la notte, ma la tenerezza, che fa desiderare agli altri di scaldarci.

Già molti studi hanno dimostrato che il bisogno di essere toccati è innato in tutti gli animali a sangue caldo: il contatto li fa sentire a proprio agio e tranquilli. D'altra parte, la mancanza di contatti porta spesso a depressione, inappetenza, apatia e declino dell'efficienza fisica. Harold Voth, psichiatra presso la Fondazione Menninger nel Kansas, sostiene:

Abbracciarsi può eliminare la depressione, perché dà modo al sistema immunologico del corpo di riprendere tono; dà nuova vita a un fisico stanco e vi fa sentire più giovani e più energici. In famiglia, abbracciarsi tutti i giorni rafforza i legami e riduce notevolmente gli attriti.

Helen Colton ribadisce questo concetto in un saggio dove indica che

...quando una persona viene toccata, la quantità di emoglobina nel sangue aumenta in modo notevole. L'emoglobina è una componente del sangue che fornisce riserve vitali di ossigeno a tutti gli organi del corpo, compresi il cuore e il cervello. Un aumento di emoglobina tonifica l'intero organismo, aiuta a prevenire le malattie e affretta le guarigioni.

Harold Voth ed Helen Colton raccomandano entrambi di abbracciare spesso vostra moglie o vostro marito, i vostri figli, parenti e amici. «Se vivete soli», afferma Voth, «il caldo abbraccio di un amico ogni volta che lo incontrate è altrettanto benefico, ed è un modo meraviglioso di migliorare la qualità della vostra vita.»

Mentre D. Bresler, direttore dell'Unità controllo dolore all'UCLA, ha scritto:

> Tutti possiamo trarre beneficio dall'imparare a esprimere e a soddisfare le nostre esigenze in modo affettuoso e tenero, per cui io assegno a molti dei miei pazienti un compito a casa: nelle settimane successive devono ricevere e dare quattro abbracci al giorno. Scrivo addirittura una prescrizione formale, che dice solo: «Quattro abbracci al giorno - senza errori». Non sottovalutate assolutamente la potenza di questa terapia, e il ruolo che può giocare nel processo di guarigione. Ed è anche una ricetta sicura. Per quel che ne so, nessuno è mai morto per un'overdose di abbracci. Però, come mi ha riferito uno dei miei pazienti, «provoca assuefazione. Quando si comincia ad abbracciarsi, è molto difficile poi perdere l'abitudine!».

Il «Columbus Dispatch» del 16 gennaio 1983 riferiva di uno studio dell'Università dell'Ohio sulla correlazione fra una dieta ricca di grassi e l'arteriosclerosi, condotta su conigli da laboratorio. Lo studio aveva dimostrato che i conigli che erano stati presi e tenuti in mano dagli studenti, a parità di dieta, presentavano nei vasi sanguigni appena la metà del deposito lipidico che si era trovato negli altri conigli. Lo studio si concludeva con queste parole: «Forse questo spiega perché l'arteriosclerosi colpisce molto più gli uomini delle donne».

Helen Colton cita le ricerche di Jack Pankaepp della Bowling Green State University dell'Ohio, il quale ipotizza che ci sia un'effettiva relazione fra gli adolescenti che fanno uso di droghe e quelli che provengono da famiglie dove si rilevano carenze affettive. Cita anche uno studio di James Prescott che ha scoperto un'effettiva correlazione fra il grado di crudeltà e violenza nell'ambito di trenta diverse culture e la quantità di contatto fisico e sensoriale in ciascuna di esse.

A prescindere dalla validità di questi studi, è indubbio che toccarsi produca effetti salutari; e tuttavia, restiamo una società denutrita dal punto di vista tattile. Desmond Morris afferma:

> Per nostra sfortuna, e quasi senza accorgercene, siamo diventati poco alla volta sempre meno disponibili al contatto, sempre più lontani; e alla distanza fisica ha fatto seguito quella emotiva. È come se il cittadino moderno abbia indossato una corazza per difendersi dalle emozioni, con una mano di velluto dentro un guanto di ferro, e si stia cominciando a sentire intrappolato e alienato anche dai sentimenti di chi più gli sta vicino.

Gli adolescenti ammettono che la mancanza di tenerezza nelle loro vite spesso li porta a comportamenti promiscui. Diventano – fenomeno piuttosto interessante – persone che si danno via facilmente, e finiscono per fare cose lontane dal loro carattere e del tutto fuori dai limiti del loro sistema di valori, solo per sentirsi accettati e ricevere un po' di calore.

La sessualità umana, che è forse la dimostrazione più significativa di intimità profondamente sentita, ha perso, nel corso degli anni, il legame che aveva con l'affetto. Parliamo raramente di «fare l'amore»: si dice piuttosto «scopare», o «farsi» il tale o la tale, per non menzionare espressioni più crude. Sesso e intimità affettuosa non sono necessariamente sinonimi, benché non si escludano a vicenda; la sessualità può non avere niente a che fare con l'amore, ed essere solo un atto di soddisfazione genitale. Può anche escludere qualsiasi interesse per l'individuo in quanto tale o per la continuazione della specie: il corpo di un essere umano viene usato per soddisfare il bisogno di un altro, e niente di più. Può avere ben poco a che fare, se non niente del tutto, con tenerezza, affetto, desiderio di condividere qualcosa o di procurare piacere. Può essere solo un atto di copulazione che soddisfa una voglia. Ma senza quell'ingrediente essenziale che è l'espressione di amore e affetto l'atto sessuale è del tutto privo di benefici fondamentali, come sicurezza e soddisfazione durevoli, che si raggiungono solo in un'unione fisica ed emotiva completa. Come qualsiasi droga, il sesso senza amore diventa solo l'espressione di un bisogno fisico elementare e di un desiderio personale, e si consuma una volta raggiunto l'orgasmo, senza costruire nulla sul piano dell'amore e di una relazione profonda.

Negli ultimi dieci anni è fiorita tutta una letteratura che implica che la causa principale di molti rapporti insoddisfacenti tra adulti sia la mancanza di conoscenze o di tecniche sessuali. Il risultato è stata una proliferazione di best-sellers sull'argomento, che vanno dal manuale illustrato a colori a spiegazioni dettagliate e scientifiche del punto G o dell'orgasmo «totale». Ci viene detto che senza una padronanza di questi fenomeni i nostri rapporti umani ne soffriranno e rimarranno incompleti, e l'amore impossibile. Uta West, nel suo libro *If Love is the Answer, What is the Question?* (Se la risposta è amore, la domanda qual è?), cita un dibattito su amore e orgasmo fra gli autori James Baldwin e Norman Mailer. Baldwin metteva in discussione l'importanza dell'orgasmo per l'amore e sosteneva che nel ghetto dov'era cresciuto «uomini e donne avevano orgasmi tutto il tempo, il che non impediva loro di sfregiarsi a colpi di rasoio il sabato sera».

In *One to One* (Uno a uno) Theodore Rubin sostiene che l'eccessiva importanza data alla tecnica e all'informazione sessuale errata

> ...distrugge la salute sessuale dei rapporti e porta gli amanti, che aspirerebbero alla comunicazione, a insoddisfazione e turbamento. Un'enfasi eccessiva sull'abilità nella tecnica sessuale; l'ansia della prestazione; gli stereotipi dell'amante «ideale» e delle reazioni «ideali»: sono tutte cose che hanno contribuito ad allentare i legami fra sesso e sentimento.

Tutto questo ha portato molte persone a considerare il sesso non più come un'espressione di amore, ma come un'arte, o un esercizio. Un amico mi ha confessato : «Sono così teso mentre faccio l'amore, per paura di non farlo come si deve, che raramente provo qualcosa».

Rubin si rivolge a questo tipo di sensazione quando scrive:

> Insistere sulla meccanica è distruttivo. Conduce a superficialità e a investire orgoglio nelle prestazioni sessuali, invece che a un sano interesse per l'arricchimento dei rapporti. L'atletica sessuale non può, semplicemente, dare soddisfazioni profonde e durature, e aspettarsi che lo faccia vuol dire andare incontro a una delusione distruttiva per ogni area del rapporto.

Anche lo psichiatra Rollo May, nel suo classico *Love*

and Will (*L'amore e la volontà*, Astrolabio, Roma), sostiene questo punto di vista. Dice:

> Un ulteriore paradosso è che la recente enfasi sulla tecnica di fare all'amore risulta controproducente. Mi capita spesso di pensare che esista un rapporto inversamente proporzionale fra il numero di manuali consultati da una persona o sfornati dalla stampa in una società e il grado di passione sessuale o addirittura di piacere provato da chi ne è coinvolto. Certo, non c'è nulla di male nella tecnica in quanto tale, nel giocare a golf come nella recitazione o nell'erotismo. Ma, oltre a un certo punto, dare troppa importanza alla tecnica favorisce un atteggiamento meccanico nei confronti dell'espressione sessuale e si accompagna a sentimenti di solitudine, alienazione e spersonalizzazione.

Sono piuttosto certo che se due persone si amano abbastanza, scopriranno la posizione 63 o il punto Z o G o Q senza bisogno di manuali. Sia ben chiaro: non sto sostenendo che l'ignoranza sia la miglior politica, solo che preoccuparsi troppo della meccanica dell'intimità può essere nocivo all'essenza del vero affetto, che dovrebbe essere una celebrazione fisica spontanea della forma più profonda dello stare insieme. Lo affermano le ricerche più recenti, basate sullo studio di esperienze di individui che hanno scelto la convivenza al posto del matrimonio; spesso risulta che soluzioni del genere, caratterizzate da una sorta di pseudo-intimità non impegnativa che serve a sconfiggere la solitudine e facilita i contatti sessuali, sono più soddisfacenti per gli uomini che per le donne. Il motivo che viene spesso indicato come responsabile dello scioglimento di questi rapporti è l'incompatibilità sessuale – ma è stato provato che la causa profonda è strettamente connessa alla paura di un vero impegno e di un'intimità continuata. In questo tipo di rapporti, in sostanza, si vuole avere tutto e subito, ma evitando di prendere delle responsabilità; questi diventano, pertanto, null'altro che la caricatura di un rapporto intimo, e non possono determinarne in alcun modo il successo o il fallimento, una volta che subentra un impegno vero.

Non intendo sminuire la gioia o il valore di una vita sessuale stimolante o eccitante. Ho solo voluto sottolineare che il sesso è una parte vitale del rapporto, ma non è assolutamente l'*unica* e neanche la *più importante* manifestazione di affetto. Tuttavia, è interessante notare che nella pila di materiale sui rapporti intimi da me consultato, quasi tutti i dati riguardavano affetto e intimità nelle relazioni eterosessuali; l'intimità familiare, quella omosessuale e quella non-sessuale non erano quasi menzionate. È vero che i grandi amori passati alla storia hanno avuto per protagonisti persone di sesso opposto, ma è anche vero che le amicizie più profonde, storicamente parlando, sono sempre state fra le persone dello stesso sesso. Ed è da notare che la letteratura sull'esperienza più universale che esista, cioè il profondo affetto non sessuale che si trova nell'amicizia, non è certo inesistente.

So che molti reagiranno alle mie affermazioni con emozioni violentemente negative. «Non voglio essere toccato!» diranno. «Desidero avere la mia privacy. Giù le mani!» Posso senz'altro comprendere il loro atteggiamento: è ovvio che molti di noi si sentono a disagio di fronte alle dimostrazioni fisiche di affetto. Certo, esistono molti modi diversi di esprimere intimità, e forse queste persone hanno trovato i loro metodi personali per soddisfare questo bisogno. Speriamo che ci siano riusciti.

Cambiare le vecchie abitudini non è facile. Se siamo alieni dalle dimostrazioni fisiche di affetto, è naturale che queste ci procurino ansia e disagio. Ma se abbiamo un gran desiderio di contatti e sentiamo il bisogno di cambiare il nostro comportamento fisico intimo, allora è bene sapere che è possibile, anche se, come per tutti i cambiamenti comportamentali, non dobbiamo aspettarci che si verifichi da un giorno all'altro. Cominciare ad abbracciarsi di colpo, dopo che per anni si sono mantenute le distanze, parrebbe innaturale. Potremmo voler cominciare con contatti rassicuranti nell'ambito della famiglia o degli amici affezionati e sinceri. Potremmo desiderare che siano loro a esprimere a parole la necessità di cambiare il nostro comportamento in questo campo. Potremmo scegliere di cominciare con una stretta di mano, una pacca sulla schiena, un colpetto sulle dita, per poi passare in seguito ad atteggiamenti non sessuali più intimi come un caloroso abbraccio o un bacio sulla guancia. I risultati sono spesso immediati e drammatici: la maggior parte di noi ne ha avuto abbastanza della disaffezione. Sentiamo il bisogno di trovare una nuova vicinanza, nuovi modi di avvicinarci l'uno all'altro, di colmare abissi fra noi e coloro che amiamo. Naturalmente, l'intimità fisica non è che un modo di esprimere noi stessi; ma è un tipo di comunicazione essenziale per stabilire rapporti umani.

Quest'idea di calore, contatto, tenerezza e affetto è rappresentata efficacemente in una poesia di Donna Swanson intitolata *Minnie Remembers* (Minnie ricorda). Compare nel suo libro *Mind Song* (Canzone della mente) e la cito qui:

Da quanto tempo nessuno mi tocca? Sono vedova da vent'anni. Mi rispettano. Mi sorridono. Ma nessuno mi tocca, mai... Oh Dio, mi sento così sola. Ricordo Hank e i bambini. Come posso ricordarli se non insieme? Ad Hank non sembrava importare se il mio corpo ingrassava e appassiva un pochino. Lo amava e amava toccarlo. E i bambini mi abbracciavano, tanto. ...Oh Dio, sono così sola. Dio, perché non abbiamo insegnato ai bambini ad essere stupidini e affettuosi, oltre che dignitosi e perbene! Arrivano con le loro belle automobili. Vengono in camera mia a salutarmi. Chiacchierano allegramente e ricordano. Ma non mi toccano. Mi chiamano mamma, mami o nonna. Non Minnie. Mia madre mi chiamava Minnie, e così i miei amici. Hank mi chiamava Minnie. Ma se ne sono andati. E anche Minnie.

Triste a dirsi, Minnie non è estranea a molti di noi. Continuiamo a essere una cultura di individui perlopiù ben vestiti, ipernutriti e viziati: abbiamo così tanto... tuttavia, soffriamo di una delle privazioni più pericolose: l'incapacità di esprimere il nostro amore con affetto onesto e sincero, senza paura. Ci vuole così poco a spalancare le braccia al nostro prossimo. È una delle dichiarazioni più chiare ed espansive che possiamo fare.

VIII

AMARSI RECIPROCAMENTE
QUALCHE CONSIGLIO RICHIESTO

«Mai dare consigli. Gli ignoranti non ci badano e ai saggi non servono.»

«The Washington Post»

Non sono mai stato particolarmente amante dei consigli. Credo fermamente che le migliori risposte per ciascuno siano già dentro di noi. Quel che dobbiamo fare per rendercene conto è riconoscerle e metterle in pratica.

Quando stavo preparando il questionario sulle relazioni, continuavo a pensare a tutti gli anni di esperienza accumulata nell'amore di cui avremmo potuto profittare se avessi chiesto ai partecipanti di offrire un po' di «Consigli richiesti». Molti degli interpellati dissero che non davano consigli, neppure se sollecitati a farlo. Ma i più erano desiderosi di offrire qualche riflessione che, pensavano, sarebbe potuta essere d'aiuto. La mia opinione era che le loro idee valessero certamente la pena di essere ascoltate. I suggerimenti che ricalcano quelli citati nella parte principale del questionario non sono inclusi in questo capitolo.

I commenti che seguono costituiscono, secondo me, un materiale prezioso che può interessare perfino i più sofisticati fra noi. Riflettono un approccio genuino e pratico che non può che esserci d'aiuto.

Non pensare in termini di «per sempre». Pensa all'oggi, il «per sempre» verrà da solo.

Crescete insieme, continuamente.

Prevedi di investire una grande quantità di tempo ed energia nei tuoi rapporti. Le relazioni durevoli non accadono soltanto, ma vengono create.

Riconosci che tutti i rapporti non possono essere eterni. Accetta la loro qualità temporanea, ma continua a comportarti come se fossero permanenti.

Rispetta le amicizie dell'altro, anche se non sono le tue. Se sono importanti per la persona a cui tieni, dovrebbero esserlo pure per te.

Non idealizzare mai gli altri. Non potranno sopravvivere al confronto con le tue aspettative.

Prendi tutto il tempo che ti serve.

Togli l'etichetta dei prezzi dalla gente. Ognuno ha i suoi pregi, ed è eccitante scoprirne il valore.

Non aver paura di dare. Non puoi mai dare troppo, se lo stai facendo volentieri.

Non sentirti obbligato a trascorrere ogni ora del giorno con la persona che ami. Distaccati di tanto in tanto e lascia anche all'altro i suoi spazi di libertà.

Non costringere mai qualcuno a fare qualcosa per te «in nome dell'amore». L'amore non è una contrattazione.

Non avere paura.

Non analizzare troppo i tuoi rapporti.

Convinciti che hai sempre delle scelte. Dipende da te.

Ricorda che un rapporto è un insieme di risorse. Quindi in una relazione non solo dài, ma ti accresci.

Non farti indurire il cuore dall'esperienza; usala, invece, per diventare più attento e sensibile.

Non opprimetevi. Nessuno può crescere nell'ombra.

Non perdere il contatto con la tua follia. Insieme a una buona dose di attenzioni, farà sì che il tuo rapporto non sia mai noioso.

Non rimuginare. Sbrigati a vivere e ad amare. Non hai l'eternità davanti.

Non rimanere preso dalla rabbia, dall'offesa e dal dolore. Rubano le tue energie e ti allontanano dall'amore.

Inizia sempre un rapporto chiedendoti: ci sono secondi fini nel mio desiderio di avvicinarmi a questa persona? Il mio interesse è condizionato? Sto cercando di sfuggire a qualcosa? Intendo cambiare questa persona? Ne ho bisogno per aiutarmi a sopperire a una mia carenza? Se la tua risposta a una qualsiasi di queste domande è «sì», abbandona l'idea. Lui, o lei, stanno meglio senza di te.

Anche se desideri qualche volta troncare un rapporto, non interrompere mai la tua vita di relazione.

Mantieni vivo il bambino che è in te e fallo giocare.

Guarda il lato buono e bello della gente, anche quando sembra che facciano di tutto per nascondertelo.

Parlatevi un po' ogni giorno, e non diventerete mai estranei.

Il divorzio, le discussioni, i litigi non risolveranno i vostri problemi: meglio provare con la comprensione, la flessibilità e il calore umano.

Stìmati. Gli unici che apprezzano uno zerbino sono quelli con le scarpe sporche.

Smetti di trascorrere le tue giornate tra vittimismi, autoaccuse e sensi di colpa. Non siamo poi così malvagi come pensiamo.

Prima di instaurare un rapporto, chiediti se c'è qualcosa nell'altro che non riesci a tollerare. Se c'è, chiediti se saresti disposto a viverci insieme per sempre. Se la risposta è «no», allora abbandona l'idea.

Compila un elenco in cui annoti le ragioni per cui ami una persona. Poi, quando attraversate momenti burrascosi, tira fuori l'elenco e leggilo. Risolverà i problemi più rapidamente.

Non accollarti i problemi dell'altro. Li rendi doppiamente difficili da risolvere.

Non temere i dissapori e i litigi: le uniche persone che non litigano sono quelle che non si preoccupano di niente o i morti. Anzi, lascia che le discussioni siano lunghe, assicurandoti di sviscerarle tutte fino in fondo.

Quando un litigio è finito, dimenticalo.

Impara a piegarti. È più salutare che rompersi.

Non prenderti troppo sul serio, ma non mancare di prendere l'altro sul serio in ogni occasione.

Non farti coinvolgere da meschinità, egocentrismo e offese infantili. Serviranno solo a degradare il vostro rapporto e a impedirvi di essere vicini.

Occhio alle piccole irritazioni, possono diventare mostri distruttivi. Chiariscile subito.

Lascia stare l'orgoglio. Di solito è falso, crea barriere e rende difficile l'intimità.

Riconosci l'umanità dell'altro.

Continua a esaminare la natura di ogni tuo rapporto poiché è dinamico, non statico, e quindi può cambiare in meglio o in peggio.

Adopera i sentimenti. Hanno significato solo se messi in pratica.

Coltiva intimità e tenerezza. Sono una fonte potente di nutrimento per la vita di relazione.

Sii compassionevole. È la via più diretta alla comprensione e all'accettazione.

Considera tutte le critiche come un fattore positivo che porta a una migliore valutazione di te stesso. Sei sempre libero di respingerle se sono sleali o non pertinenti.

Impara ad ascoltare. Non impari niente ascoltandoti parlare.

Smetti di preoccuparti. La maggior parte di ciò che ti angustia sarà dimenticato fra una settimana.

Aspettati ciò che è ragionevole, non ciò che è perfetto.

Se ciascun partner è disposto a dare il 75 per cento di se stesso in un rapporto, si avrà il 50 per cento in più di quello che serve per un'unione perfetta.

Poiché l'amore può essere creato, non c'è nessuna ragione per stare senza.

Evita di farti mettere su un piedistallo: si può cadere facilmente.

Anziché preoccuparti di ciò che puoi ottenere da un rapporto, preoccupati invece di come puoi contribuirvi.

Smetti di fare giochini. Un rapporto in crescita si può nutrire solo di genuinità.

Anche se sei solo la metà di una coppia, devi rimanere una persona intera, a prescindere dalla relazione.

Che sensazione stupenda avere un rapporto con qualcuno amato non solo da te, ma da molti. Vuol dire che hai fatto una buona scelta.

La creazione di qualunque cosa che abbia un valore richiede pazienza ed energia.

Per formare dei buoni rapporti bisogna cercare molto. Ma cercare può essere divertente.

Ricorda che i valori morali e spirituali non limitano, ma proteggono.

Continua a ridere. Tiene in esercizio il cuore e protegge dai disturbi cardiaci.

Un rapporto d'amore non è un avvenimento sportivo. Smetti di competere per la supremazia. Nessuno mai vince questo genere di gare tranne gli avvocati divorzisti.

Forse non è poi così seccante fare qualcosa di cui non hai voglia se rende felice un altro.

Quello che impari su di te ti aiuterà moltissimo a capire gli altri.

Considera i problemi come dei piccoli miracoli che possono stimolare la conoscenza e il cambiamento.

Pur mantenendo la tua integrità come persona, cerca di diventare con l'altro una cosa sola.

Non invaghirti dell'amore, o annegherai nelle sue complessità.

Sii gentile. L'amore non ammette le cattive maniere.

Tu sei al centro di tutte le tue relazioni, quindi sei responsabile della stima di te stesso, crescita, felicità e realizzazione. Non aspettarti che l'altro ti regali queste cose. Devi vivere come se fossi solo e gli altri fossero i doni che ti vengono offerti per aiutarti ad arricchire la tua vita.

Quando ti arrabbi con qualcuno faresti bene, prima di reagire, a fermarti a considerare tutto quello che ti piace di lui.

Non lasciare che i tuoi rapporti muoiano per negligenza.

IX

LA SFIDA DEI RAPPORTI UMANI

«In un ambiente sociale sempre più affollato e impersonale, diventa ancora più importante riconsiderare il valore dei più intimi rapporti umani, prima di dover arrivare a chiedersi, sconsolati: "Dove è andato a finire l'amore?"».

Desmond Morris

È indubbio: la maggior parte di noi cerca modi più intensi, creativi e gratificanti per l'amore reciproco. È ovvio che potremo realizzare questa aspirazione solo quando saremo disposti a compiere lo sforzo necessario. Il processo non sarà facile, ma ci aiuterà a tenere sempre presenti le seguenti massime, per quanto spesso siano state dette e ripetute.

Conosci te stesso

Non mi sorprende che la gente si irriti quando sente questa frase, di cui si è molto abusato: «Conosci te stesso». È dagli albori della civiltà che la si sente ripetere, e in questi ultimi vent'anni in particolare. In proposito, si offrono consigli vaghi e generici ma ben poche indicazioni precise su come metterla in pratica; raramente ci viene detto se possiamo farlo da soli o se abbiamo bisogno di una guida, che sia uno psichiatra, un religioso oppure un mistico. Oscar Wilde diceva che «solo i superficiali si conoscono». Questa affermazione contiene implicazioni profonde: suggerisce che la conoscenza di sé è un processo senza fine. C'è una storia stupenda, di un uomo che, dopo anni di autoanalisi, ne emerge in uno stato di incontrollabile euforia. Si mette a correre qua e là, gridando: «Finalmente ho capito! Sono finalmente arrivato al mio segreto. Conosco me stesso!».

Un passante lo ferma incuriosito e dice: «Ma è fantastico! E che cosa hai scoperto?».

«Mi sento in armonia con l'universo!» risponde l'uomo esultante.

«Sei in armonia con l'universo?» ripete il passante.

«Vorresti dire che *non* è vero?» chiede l'uomo.

È ovvio che, dal momento che il nostro potenziale è molto maggiore di quanto possiamo immaginarci, prefiggersi lo scopo di arrivare a conoscersi completamente non è realistico: si tratta, nel migliore dei casi, di un processo sempre in atto. E tuttavia, un certo grado di conoscenza di se stessi è essenziale per la sopravvivenza. Gli altri ci possono conoscere solo nella misura in cui noi ci conosciamo. Dobbiamo avere un rapporto affettuoso con noi prima di aspettarci che ce l'abbiano anche gli altri. Poiché l'evoluzione di una persona è il lavoro di una vita, dobbiamo rischiare di svelarci così come siamo: incompleti e imperfetti. Solo scoprendoci, con amore, in tutta la nostra vulnerabilità, gli altri potranno rischiare e aiutarci a imparare di più su noi stessi. Se mettiamo dei limiti al nostro coinvolgimento con gli altri, avremo meno opportunità di imparare; solo quando saremo disposti a condividere qualcosa saremo ricambiati. Se abbiamo paura di rivelare le nostre imperfezioni, non possiamo aspettarci che gli altri si sentano tanto fiduciosi da farlo; in questo modo, continueremo a restare estranei. Ho un amico che ci assicura di non essere forse un granché, ma di non possedere altro, per il momento: questo, è disposto a darcelo, e spera che sia sufficiente. Troppo spesso crediamo di essere pronti a dare di più, a essere di più e ad adeguarci meglio alla realtà di quanto non siamo capaci. Ma se non siamo obiettivi nei confronti di noi stessi, non potremo avere né rapporti sicuri, né vera crescita interiore, né saremo in grado di accettare gli altri.

«La prima relazione che dobbiamo vivere con successo è la storia d'amore con noi stessi» dice Nathaniel Branden, nel suo libro *The Psychology of Romantic Love* (Psicologia dell'amore romantico). «Solo in seguito saremo pronti per altri rapporti amorosi.» In definitiva, per quanto grande possa essere il nostro interesse per gli altri, dobbiamo essere in primo luogo responsabili di noi stessi, poiché possiamo dare a un altro solo ciò che già possediamo. Se ci sentiamo invisibili, inadeguati e vittimizzati, allora non potremo avere la capacità di dare a un altro visibilità, sicurezza e forza.

Imparare a conoscersi richiede una costante coscienza di sé. Presuppone un impegno nei riguardi dei poteri illimitati della mente e del corpo per cambiare ed evolversi nella direzione voluta. Implica il termine di ogni autoillusione e autosvalutazione, e significa osservare, nel modo migliore possibile, come mettiamo in atto quello in cui crediamo. Solo coloro che sono disposti a conoscere e ad accettare se stessi saranno in grado di accettare queste qualità fondamentali negli altri.

Liberatevi dalle irritazioni meschine

Quando si prende in esame il proprio comportamento, sarebbe bene chiedersi: «Se abitassi con me, vorrei starmi vicino?». Troppo spesso, non ci prendiamo la briga di sperimentare noi stessi come accade a coloro che ci sono vicini. Ricordo di aver fatto parte di un gruppo di studio sul comportamento degli insegnanti in classe. Per questa inchiesta, i professori venivano filmati, a loro insaputa, in vari momenti della loro giornata scolastica. Le videoregistrazioni dovevano servire per un'autoanalisi, e nessuno le avrebbe viste tranne l'insegnante in questione. Quando ne presero visione in privato, quasi tutti i professori rimasero scioccati dal proprio comportamento; non si erano mai visti in azione prima di allora. Tutti convennero che si era trattato di un'eccellente opportunità per imparare qualcosa di più su se stessi. Molti di noi, se si vedessero così, si troverebbero con ogni probabilità molto diversi da come immaginano di essere. Siamo lamentosi, esigenti, irriflessivi, arroganti, criticoni, insensibili, sgarbati, irrispettosi degli altri, mancanti di calore e tenerezza? Diamo ordini, addossiamo la colpa agli altri, li ridicolizziamo, li sminuiamo, e tuttavia ci consideriamo persone amabili? Oppure, ciò che facciamo e diciamo è perlopiù tenero, affettuoso, tollerante e onesto?

È un fatto che non sono i grossi problemi a mandare a

monte i rapporti, bensì una serie di inezie ripetute: piccole mancanze di considerazione, commenti affrettati, meschine crudeltà, parole non dette o buone intenzioni continuamente rimandate. Nei verbali delle sentenze di divorzio abbondano quelle che, sommate, si chiamano «divergenze inconciliabili», ed esaminate con attenzione si riducono invece a piccoli screzi insignificanti, tipo:

- Lei mi interrompe continuamente quando parlo. Mi fa impazzire!
- Lui non raccoglie mai le cose che lascia cadere.
- Lui non riesce a prendere una decisione e cambia continuamente idea.
- Lei è piena di fissazioni. Ho perfino paura di toccare un portacenere temendo di non poterlo rimettere perfettamente al suo posto. Per lei, conto meno di un portacenere!
- Lui si addormenta tutte le sere davanti al televisore. Tanto varrebbe che vivessi da sola!
- Lui parla sempre; non dice mai nulla di importante, parla e basta.
- Lei non aspetta altro che io torni a casa per potermi raccontare nei dettagli ogni tragedia quotidiana, ogni avvenimento infelice.

Nessuno di questi modi di comportarsi è di per sé deleterio, ma se lasciamo loro lo spazio di irritarci continuamente e angustiare le nostre vite senza prestare attenzione, possono distruggere anche la storia d'amore più salda. Al contrario, tutti questi problemi possono essere dissolti se le persone in questione li prendono onestamente in considerazione e fanno del loro meglio per cambiare. I rapporti vanno a monte non perché siano sbagliati, ma perché la maggior parte di noi non vuole correggersi: vogliamo sempre fare a modo nostro.

Portate spontaneità e delizia in ogni rapporto

Non esiste, forse, soddisfazione maggiore di vedere le facce altrui illuminarsi di gioia e aspettativa quando si entra in una stanza. Questo di solito succede a coloro che portano con sé un elemento di gioia e di sorpresa. La maggior parte di noi si ritrova imprigionata in routines che comportano azioni, reazioni ed esperienze sempre uguali; la cappa di prevedibilità che ci avvolge ci ha fatto perdere la capacità di sorprenderci, e molti si sentono addirittura più sicuri così, nella convinzione che ci si può fidare di ciò che è familiare e trovare la pace nella monotonia. In realtà, non esiste trappola peggiore. Sono il rischio, l'imprevisto, l'inconsueto, ad allontanare la noia e a ravvivare un rapporto. Sono l'avventura e l'ignoto ad arricchirci di nuove possibilità.

Gli itinerari dei viaggi organizzati sono un perfetto esempio di queste limitazioni. Ci troviamo nella stupenda Capri, in un'idilliaca villa affacciata sulle acque azzurre del Tirreno. Il posto non è caro, il cibo è fantastico e i proprietari sono simpatici, aperti e divertenti.

Ma, ahimè, il nostro itinerario ci impone di essere a Roma domani: abbiamo i biglietti del treno e l'albergo prenotato. Certo, se decidiamo di vivere pericolosamente e rimanere a Capri dovremo affrontare l'imprevisto: la possibilità di non trovare posto in albergo a Roma, o di sbagliare treno e andare a finire in Abruzzo. Ma queste eventualità potrebbero rivelarsi anche come occasioni di bellissime e piacevoli esperienze. Ricordo quand'ero giovane e spensierato e giravo per l'Europa con un biglietto circolare. Eravamo un gruppetto, andavamo alla stazione e prendevamo il primo treno che capitava. Erano viaggi verso scoperte a sorpresa ed esperienze nuove: prossimo treno destinazione Madrid! Poi Copenaghen! Chivasso! Istanbul! Salisburgo! Oslo! Londra!

Naturalmente, non sempre è possibile prendere la vita come viene; in una certa misura ordine, prevedibilità e sicurezza sono necessari per poter sopravvivere e per mantenere un equilibrio mentale. Ma una vita priva di rischio e di mistero è solo una mezza vita. Illudersi che la monotonia significhi sicurezza equivale a non capire cos'è veramente vivere. La vita è fatta per essere vissuta con avventura. Infatti, che lo vogliamo o no, è breve, e la morte arriva perlopiù quando non siamo ancora pronti, come un'ultima, definitiva sorpresa!

Cercate ogni tanto di lasciare che le cose accadano da sole. Il mondo è pieno di delizia, se solo gli lasciamo raccontare la sua storia senza interferire.

Siate premurosi

In un rapporto autentico, ognuno dei due si preoccupa sinceramente dell'altro, e dimostra riguardo e stima con parole e atti che esprimono gentilezza, considerazione e cortesia. Troppo spesso diamo per scontato che l'intimità ci autorizzi a trascuratezze, sgarbi o addirittura villanie; è triste, ma spesso dimostriamo più considerazione verso conoscenti casuali – e persino verso i nostri animali domestici – che non per coloro che amiamo. Dire «grazie», «per favore», «ti capisco», «se non ti dispiace», è un modo per esprimere la nostra attenzione per l'altro.

Di recente mi sono trovato ad aspettare qualcuno negli studi del telegiornale di una rete televisiva di New York. La sala era gremita di scrivanie, i telefoni squillavano in continuazione e l'attività ferveva. Se c'era proprio un posto dove erano necessari un po' di calore umano e una certa considerazione del lavoro altrui, era senza dubbio quello. Invece, una di quelle persone, in particolare, era così assorta nel proprio spazio da sembrare del tutto inconsapevole dell'esistenza dei suoi collaboratori. Li apostrofava con violenza e in continuazione: «Dove diavolo eri?», «Fallo subito, adesso!». Io mi chiedevo fino a che punto quell'insopportabile comportamento poteva andare avanti senza provocare un diverbio violento.

Troppo spesso, durante le discussioni quotidiane, i membri di una famiglia dimenticano che possono ferire reciprocamente i loro sentimenti. A nessuno piace essere zittito, accusato, aggredito, messo in imbarazzo o trattato come un oggetto. Mi ricordo di una madre che mi disse che non si era più sentita dire un grazie da un suo familiare da dodici anni.

Mia madre ci ricordava sempre che, sì, era la nostra mamma, ma che non era nata per essere tiranneggiata da noi né per farci da schiava. Trattare qualcuno, chiunque sia, con villania significa assegnargli una condizione subumana. Mamma ci assicurava che lei non era subumana e che non avrebbe tollerato scortesie da nessuno di noi. Ce lo ricordava, all'occorrenza, con un ceffone memorabile. Anche le mamme hanno bisogno d'amore!

Siamo esseri fragili e ferirci è molto facile. Azioni e parole sgarbati possono alla lunga incidere profondamente sui nostri rapporti e portare a separazione, sofferenza, tensione, rabbia e rancore che si potevano evitare.

Ciascuno di noi deve avere la responsabilità di creare un'atmosfera di calore e considerazione per coloro che ama. Personalmente ho sempre cercato di stabilire se una giornata fosse stata buona o meno non in base a quanto di positivo e piacevole era successo a me, ma piuttosto vedendo se durante quella giornata ero riuscito, con una frase gentile e premurosa, a far star bene qualcun altro. Funziona!

Dobbiamo trattarci reciprocamente con dignità, non solo perché la meritiamo ma anche perché nel rispetto si cresce e si matura meglio. Trattate gli altri con lo stesso calore e la stessa considerazione di cui voi stessi avete bisogno e attendete i risultati.

Smettete di cercare di dominare gli altri e di cambiarli

Il cambiamento è un processo volontario. Nessuno può cambiare gli altri senza il loro consenso, e nessun rapporto che non rispetti l'individualità e le scelte dell'altro può sopravvivere. La vera armonia sopravviene solo quando abbiamo per i diritti, gli atteggiamenti e i sentimenti degli altri un rispetto profondo come quello che abbiamo per i nostri. Faremmo bene a prendere nota delle parole di David Viscott, che scrive:

> In ogni rapporto, i diritti individuali di una persona sono gli stessi di cui godeva prima di conoscere il partner. I diritti non si discutono. Esistono, e basta. Compito di un rapporto è riconoscere e proteggere i diritti di entrambe le parti.

Questo tipo di interazione sopravviene solo se riusciamo ad accettare gli altri per quel che sono, senza caricarli delle nostre esigenze e delle nostre aspettative: ognuno deve potersi mantenere fedele alla propria visione del mondo. In un vero rapporto d'amore, si desidera condividere i propri punti di vista diminuendo la distanza che ci separa dall'altro.

Tuttavia, molti di noi passano ore e ore ogni giorno nell'inutile tentativo di rimodellare gli altri secondo la nostra convenienza. Critichiamo, provochiamo sensi di colpa, esercitiamo in diversi modi la nostra influenza, insomma le tentiamo tutte per far diventare l'altro come pensiamo che debba essere per venire incontro alle nostre esigenze. Spesso facciamo tutto ciò in nome dell'amore, convinti di sapere ciò che è meglio per l'altro, e non ci accorgiamo della nostra prevaricazione, benché i nostri maneggi spesso sminuiscano la personalità di chi amiamo.

Se desideriamo stabilire rapporti duraturi con gli altri dobbiamo, tanto per cominciare, essere contenti di come sono. Andiamo incontro a rischi seri quando facciamo entrare nella nostra vita persone offensive, insensibili o addirittura crudeli nell'illusione che la nostra influenza le cambierà. È triste dirlo, ma in questi casi la trasformazione non avviene quasi mai. La possibilità di cambiamento dipende da quanto l'altra persona è disposta a venire incontro alle nostre esigenze. L'unica cosa su cui possiamo veramente contare è che possiamo mutare il nostro comportamento per adattarci alle loro offese, al loro menefreghismo e alla loro cattiveria.

Una mia amica era convinta che il suo amore fosse abbastanza forte da render più affettuoso esteriormente il suo poco espansivo marito, il quale, essendo cresciuto in una famiglia molto riservata, percepiva complimenti e tenerezze come tratti esclusivamente femminili e si sentiva a disagio a esternarli. Dopo trent'anni la mia amica è ancora molto desiderosa di carezze, si lamenta spesso e amaramente col marito, lo chiama «baccalà». Lui risponde, molto semplicemente, che quando lei l'ha sposato sapeva già com'era. Anche se suo marito è fantastico sotto molti altri aspetti, lei si sente umiliata e offesa. Persiste nella sua determinazione di cambiarlo, ed è convinta che finché non ci riesce il suo rapporto resterà un fallimento.

Molti di noi sono consapevoli di ciò di cui gli altri hanno bisogno. In molti casi ci chiedono davvero poco.

Se li amiamo sul serio, siamo disposti a cedere loro una parte di noi perché siano felici; noi, d'altro canto, proviamo piacere nell'andare incontro alle loro esigenze, e a vederli contenti e sicuri. Il punto è che un comportamento può mutare se esiste una precisa volontà in questo senso. Naturalmente, è possibile manipolare gli altri e tiranneggiarli finché diventano come noi li vogliamo. Possiamo addirittura creare un ambiente allettante per far sì che questo comportamento si adatti alle nostre esigenze. Mi sembra però che ciò rispecchi una noncuranza assoluta per il valore complessivo della persona che crediamo di amare. Se non siamo d'accordo su come costei, o costui, si comporta nelle questioni importanti, è forse comunque meglio non attentare alla sua dignità e cercare un modo di convivere; possiamo almeno tentare di adattarci e cooperare. Questo richiede però una grande maturità. Non accadrà mai finché saremo sicuri che la ragione sia dalla nostra e il torto dalla parte degli altri. Possiamo *aiutarli* a cambiare, ma solo *loro* possono farlo.

Non attribuite agli altri la colpa della vostra infelicità

Siamo da ogni punto di vista responsabili di noi stessi. Non possiamo cercare la ragione di ciò che ci accade fuori di noi, eppure, diamo continuamente la colpa dei nostri stati d'animo e delle nostre azioni a forze esterne, senza chiederci: «Perché scelgo di agire o reagire in questo modo?». La felicità e la vera libertà arriveranno solo quando ci assumeremo la piena responsabilità di essere quello che siamo. Fino a che ci farà comodo dare la colpa agli altri, non ci verrà neanche in mente di valutare e di cambiare i nostri comportamenti. I genitori sono colpevoli di amarci poco, di capirci poco, di curarsi poco di noi. La società, di privarci della completa libertà che pensiamo ci spetti. Diamo la colpa agli amici, ai partners, ai maestri, persino alla vita; fino a che possiamo scaricarla, non sentiamo il bisogno di cambiare. Dopotutto, siamo vittime. Alcuni arrivano persino a dare a Dio la colpa delle loro disgrazie e miserie. Ho sentito gente che diceva: «Non perdonerò mai Dio di avermi fatto questo!». Che egocentrismo! Costoro si vedono come individui senza speranza e senza potere su un'esistenza che si svolge al di fuori del loro controllo. Siedono, comodi, annegati nell'autocommiserazione, in attesa che l'amante, la famiglia o Dio «mettano le cose a posto» per loro. È triste, ma molti di loro sprecano intere, preziose esistenze in attesa!

I rapporti non sono terreni di scarico per egoismo, egocentrismo, disperazione e rabbia. Cresciamo soltanto quando ci sentiamo responsabili della nostra felicità, che non può essere generata al di fuori di noi. La pace e la felicità durevoli vengono da dentro. Quando le possediamo, gente e avvenimenti vanno e vengono ma la gioia resta con noi per sempre. Se non fosse così, si potrebbe comprare. Invece, il denaro che ci permette di acquistare le cose che ci fanno felici o che estendono le nostre possibilità di esserlo, vuol dire molto, ma non tutto. La mia infanzia è stata quasi interamente segnata dalla povertà, eppure è il periodo della mia vita che ricordo con maggior tenerezza. La famiglia, stipata su una vecchia e malandata Chevrolet, partiva per viaggi che l'automobile non poteva permettersi; ma non importava, ovunque arrivassimo era abbastanza lontano per festeggiare. Ridevamo un sacco. Trovavamo mille ragioni per essere contenti. Lavoravamo sodo. Dividevamo tutto. Ci amavamo molto.

Ho ricevuto una lettera da una donna che stava morendo di cancro. Commentava che, alla luce di questo fatto, tutta la famiglia si occupava di lei come mai prima di allora. (Non è interessante sapere che bisogna morire prima che gli altri incomincino a trattarci come esseri umani?) Libera dalle incombenze che prima prendevano tutte le sue giornate, la donna aveva deciso di dedicare i suoi ultimi giorni a conoscere se stessa. Scriveva: «Ho cominciato a occuparmi dei pensieri che penso, degli oggetti che scelgo, delle cose che amo, dei libri che leggo. Ho deciso che erano un mio riflesso e che avrebbero parlato di me. Così facendo, ho conosciuto una persona fantastica, *me stessa.* Ciò che di meglio ho imparato dopo aver appreso che dovevo abbandonare tutto, era che l'unica cosa che possedevo veramente ero io; quello che sono. Come le ho detto, sto morendo di cancro, ma non sono mai stata così viva e così felice!». Ebbene sì, si può essere felici anche davanti alla morte.

Scegliendo la felicità invece della disperazione, diventiamo capaci non solo di generarla, ma anche di trasmetterla. Tutte le relazioni hanno molto bisogno di gioia. Avvicinarsi con il sorriso alla vita può neutralizzare l'onnipresente dolore e l'apatia con i quali la maggior parte della gente affronta la sua giornata. E questa non è una faccenda da poco.

Siate dei veri amici

Molte delle risposte al mio questionario sulle relazioni d'amore concordavano che i rapporti primari erano rafforzati quando iniziavano a includere qualità normalmente riservate a quelli secondari, e in primo luogo l'amicizia. Essere amico del proprio partner o di un membro della propria famiglia può sembrare strano ad alcuni, ma è certamente indice di saggezza, dato che l'amicizia comincia con un forte desiderio di conoscere qualcuno, il requisito fondamentale dell'amore. Presuppone una sana curiosità diretta al di fuori di noi stessi: in modo non competitivo, senza interessi nascosti né secondi fini. È un desiderio non egoista di vedere come sono degli altri esseri umani, e di farli avvicinare abbastanza per lasciare che ci dicano, senza paura, chi sono.

È strano, ma è più facile accettare amici e conoscenti per quel che sono, che non coloro che amiamo. Più ci importa di qualcuno, più desideriamo ferirlo, giudicarlo, sottoporlo a dei paragoni. Nel nostro zelo di rendere perfetto chi ci sta vicino o di proteggerlo dal male, ne svalutiamo l'umanità. Non siamo certo fiduciosi, tolleranti e attenti con loro come con i nostri amici: eppure, questo è ciò di cui c'è bisogno se ci si ama.

Uta West, nel suo libro *If Love is the Answer, What is*

the Question? (Se l'amore è la risposta, qual è la domanda?), dice che crede «...che la fiducia, la tolleranza e l'attenzione che caratterizzano le migliori amicizie possono fare del bene, e persino salvare, tutti i rapporti personali molto intimi. Essere un buon amico – per se stessi, la propria madre, il proprio figlio, o la persona con cui si divide il letto – significa prima di tutto rispettare l'integrità dell'individuo».

Ricordo di aver di recente assistito a un'intervista a una coppia che era riuscita a vivere insieme, amandosi, per sessant'anni. Il marito, con un largo sorriso e uno scintillio negli occhi ancora giovani, aveva azzardato: «Lei è la mia migliore amica, oltre che la mia donna!». Può esserci un complimento migliore?

Essere amici di qualcuno significa rispettarne profondamente il valore. Vuol dire rendersi conto che la gente non esiste solo per soddisfare i nostri bisogni e riempire le nostre vite. Anche loro hanno una vita, e delle necessità da mettere in atto. In questo senso dobbiamo essere responsabili per noi stessi e allo stesso tempo accettare di buona grazia di condividere e sostenere un altro nel corso della sua evoluzione. È un accordo reciproco e volontario che serve ad arricchire le rispettive esistenze rivelandosi a un altro essere umano.

In un rapporto di amicizia si afferma la presenza dell'altro e si rafforza la sua integrità; quando la conoscenza diventa più profonda, la fiducia permette di condividere anche i lati più vulnerabili. Si dimostrano interesse e cura per l'evoluzione reciproca. Si mettono in pratica il rispetto e l'ammirazione per l'altro, e si gode di ogni opportunità per essere vicini e fare delle cose insieme.

A questo punto il lettore può chiedersi se le definizioni precedenti non si adattino anche a descrivere un vero, profondo rapporto amoroso. La risposta, ovviamente, è «Sì». L'amore è governato dalle stesse dinamiche che regolano l'amicizia, con forse in più l'aggiunta di concetti come «maggiore intimità», «più profondità», «al massimo». In amore, siamo coinvolti *più* profondamente da un altro, siamo *più* vulnerabili, *più* responsabili. Dedichiamo *più* tempo a stare insieme, a conoscere meglio la mente e il corpo dell'altro, a comunicare anche la nostra essenza *più* intima. Spendiamo volentieri il nostro tempo per arricchire la vita di un altro, a condividere, affermare, rafforzare.

Impariamo a diventare noi stessi fino in fondo solo quando siamo persi in un'altra persona.

Non dimenticate i riti tradizionali

Nel mondo, popoli e culture ricchi di passato attestano che la tradizione è una delle principali fonti di coesione e unità, e serve a mantenere l'identità, la dignità e la forza necessarie per guardare al futuro.

Oggigiorno, è di moda svalutare la tradizione e considerare assurdi i suoi rituali nostalgici. Si sono perse le veglie, i pranzi domenicali in famiglia, le riunioni festive, tutti quei momenti umani che nel passato servivano a collegarci nella memoria. Così facendo, abbiamo smarrito il senso della nostra storia personale. «Ti ricordi il giorno in cui...?» Non sarebbe un motivo sufficiente per festeggiare? La vecchia canzone che torna in mente. L'appunto scarabocchiato sul retro di una cartolina, riletto. La torta che commemora un altro anno di vita. Gli anniversari di matrimonio. Famiglie che si raccolgono presso le tombe nel giorno del compleanno dei loro morti, e si rassicurano l'un l'altro che nessuno verrà dimenticato, che l'amore ricordato è quella parte di ognuno di noi che ci rende eterni.

La mia famiglia celebrava tutto: compleanni, festività, onomastici, i tempi tristi e quelli allegri, qualunque cosa servisse ad avvicinarne i membri. Mia madre teneva un calendario nel quale quasi ogni giorno, per un motivo o per l'altro, era occasione di festa! Poi, c'era sempre il compleanno di qualcuno! Si cucinavano i cibi tradizionali in giorni prestabiliti: risotto di domenica, polenta di venerdì. La pentola della minestra bolliva perennemente sui fornelli riempiendo l'aria dei suoi aromi squisiti, diversi a seconda degli avanzi che venivano aggiunti: pasta un giorno, piselli e carote un altro, pollo o carne un terzo. La consistenza della zuppa variava a seconda di quanto papà aveva guadagnato quella settimana, degli acquisti della mamma e della quantità di rimasugli. Ogni momento era buono per una tazza di minestra calda. Mi pare ancora di sentirne il sapore!

C'era forse un rito più entusiasmante della bagna cauda? Tutti insieme, attorno a un calderone di olio caldo, aglio, erbe e sardine, inzuppavamo verdure crude e pezzetti di fragrante pane italiano, e parlavamo, e ridevamo, e mangiavamo a crepapelle.

Si definisce rito una forma di cerimonia prestabilita. Una tradizione è il passaggio di informazioni, abitudini e valori, sia con le parole che con l'esempio, da una generazione all'altra. Sono cose che ci legano e ci sorreggono, che danno un senso al nostro vivere e lavorare per il futuro. Mentre scorrono da una generazione all'altra rimangono un punto fermo in un mondo incerto e confuso. Offrono un significato per interpretare ciò che altrimenti potrebbe sembrarci senza senso.

Condividete sogni e speranze

I sogni ci elevano al di là dei fatti mondani, e arricchiscono di possibilità il nostro futuro. Sognare insieme aggiunge un elemento fantastico ai nostri rapporti e ci dà qualcosa in cui sperare. Fantastichiamo sui successi futuri, sui figli che vorremmo avere, sui riconoscimenti di cui sentiamo il bisogno, sui viaggi da programmare, sulla sicurezza economica in cui speriamo. Sogniamo la pace, il piacere, la gioia. Dobbiamo stare attenti, però, a non aggrapparci ai nostri sogni fino a lasciare che distruggano la nostra fiducia nella vita se stentano a materializzarsi. Fino a che i viaggi per le Hawai, la Svizzera, Bangkok o Tokio possono essere rimandati senza drammi, continuare a coltivarne l'idea può un giorno far sì che diventino realtà. Anche se non si realizzano, fare progetti può riempirci di gioia.

Ricordo che uno dei miei più grandi desideri, fin

dall'infanzia, era di udire il suono cristallino della campana di un monastero fra le montagne del Nepal. Ero un prodotto dei mistici Orizzonti Perduti e degli idilliaci Shangri-la; molti pensavano che, per un ragazzino della zona Est di Los Angeles, questo fosse davvero un sogno impossibile. Eppure, qualcosa dentro di me mi diceva che si sarebbe avverato: io dovevo soltanto concentrarmi, e continuare a crederci. Sono passati molti anni prima che arrivasse quel momento, eppure il suono di quella campana era argentino e magico nonostante fosse stato anticipato così a lungo!

Tutti abbiamo delle speranze. Alcuni considerano le proprie irrealizzabili e le tengono per sé; sono sicuri che la gente li prenderà per matti o riderà se le esprimono. Così, continuiamo a sorprenderci quando, parlandone con altri, sentiamo anche loro raccontare sogni cullati con eguale passione. Un sogno è un luogo privato, e c'è qualcosa di speciale nel condividere i posti più segreti con coloro che amiamo. È un modo in più per permettere agli altri di conoscerci.

Avrete bisogno di coraggio

Un rapporto non può essere fondato sulla debolezza. Se siamo timidi, insicuri, se abbiamo paura di rischiare non riusciremo ad avvicinarci agli altri. I rapporti umani richiedono decisione, impegno, responsabilità. Avere qualche difficoltà nel campo delle interazioni umane è inevitabile. Per sua stessa natura, una relazione non può essere perfetta, completamente felice, protettiva e sicura. Come possiamo aspettarci che gli altri vorranno stare sempre con noi? Come possiamo aspettarci di trovare qualcuno che sia sempre felice di quello che ci rende felici, a cui importino le stesse persone, che sia interessato alle stesse cose e attività che ci interessano, il tutto contemporaneamente? Potremmo realizzare questo «sogno» solo con un robot, ma si rivelerebbe come un compagno molto freddo.

Proprio perché, per la loro natura intrinseca, i rapporti sono costituiti da più persone, ci saranno sempre delle divergenze; quando ne entriamo a far parte, quindi, dobbiamo abbandonare il desiderio di una risoluzione impeccabile. Disaccordo e frustrazioni sono impossibili da evitare. Alcune, riusciremo a risolverle; altre sembrano irrisolvibili al momento, ma ci riusciremo col tempo; altre ancora potrebbero, in effetti, essere insormontabili. «Il problema non è se esistono dei problemi» dice Theodore Rubin in *One to One* (Uno a uno), «il problema si forma se ci si aspetta che le cose stiano diversamente, e se si pensa che avere dei problemi sia un problema.»

Abbiamo bisogno di coraggio per affrontare ciò che ci vien dato e sapere che, qualsiasi cosa sia, *non durerà per sempre.* Niente dura per sempre. Non il dolore, non la gioia, e nemmeno la vita. Dobbiamo accettare il fatto che se vogliamo che qualcosa venga eseguito *esattamente* come vogliamo, allora dobbiamo farlo da soli. Quindi, se scegliamo la delega, è normale che i risultati saranno in un modo o nell'altro diversi dalle nostre attese, e dobbiamo imparare ad accettarli. Se abbiamo abbastanza forza per assumerci la completa responsabilità dei nostri fallimenti oltre che dei nostri successi, il nostro rispetto per noi stessi non può che crescere. E quando ci uniamo agli altri per essere più forti e sostenerci a vicenda dovremo sviluppare il coraggio necessario per coesistere.

La cosa importante è essere capaci, in ogni momento, di sacrificare quello che siamo per quello che potremmo diventare.

Charles Dubois

Dipende da noi dare una possibilità ai nostri rapporti. Non c'è niente di più grande nella vita che amare un altro ed essere riamati, perché l'amore è l'esperienza ultima.

X

I RAPPORTI DEVONO ESSERE VIVI!

Tutto quello che vive
Non vive solo
Né per se stesso.
William Blake

La sopravvivenza umana dipende da una sana vita di relazione. Il processo complicato e continuo dell'interazione in armonia con gli altri, attraverso tutti gli stadi della vita, è la più sublime e la più esigente forma del comportamento umano. David Viscott ci dice:

> Raramente i rapporti muoiono perché all'improvviso si trovano a essere privi di vita. Di solito appassiscono a poco a poco, o perché la gente non si rende conto di quanto, o di che tipo, di cura, tempo, lavoro, amore e premura essi richiedano, o perché gli individui sono troppo pigri o spaventati per provare. Un rapporto deve essere vivo. Ha bisogno, e profitta, della stessa attenzione ai dettagli che un artista applica alla sua creazione.

Per capire fino in fondo la vita di relazione, dobbiamo diventare sia scienziati che artisti. Come scienziati dobbiamo isolare le componenti e le qualità di un rapporto in parti separate, come è stato tentato nei precedenti capitoli. Poi, dobbiamo analizzare e studiare ogni parte singolarmente e in relazione con le altre. Come artisti, dobbiamo osservare ognuno dei nostri rapporti come una sfida creativa che richiede il nostro più profondo entusiasmo e il rischio più audace. Ci sarà richiesto di impegnarci come scienziati e artisti nel cercare minuziosamente e in profondità dentro noi stessi (dato che possiamo conoscere e capire gli altri solo fin dove capiamo e conosciamo noi stessi).

Nello stesso modo dobbiamo provare noi stessi fino ai limiti estremi di talento e attività. Avremo bisogno di coraggio infinito, di persistenza, di volontà, e di sforzo; del coraggio per superare differenze di atteggiamento, per restare flessibili e mantenere la fede; della forza per guardare in faccia la realtà della nostra solitudine; della perseveranza per subire disillusioni e fallimenti e continuare a provare e riprovare, senza garanzie; dello sforzo per lavorare per lo sviluppo delle attitudini richieste dalla vita di relazione in quanto processo esigente e in perpetuo mutamento.

Anche se i rapporti umani paiono di natura istintiva, l'esperienza dimostra che non possiamo contare su di questa. Tutto sarebbe più semplice se potessimo fidarci dell'istinto invece di assumere la responsabilità e il difficile compito di creare e mantenere una relazione. Ma dobbiamo accettare il fatto che, anche se l'istinto che ci porta a rivolgerci e a dipendere dagli altri risale all'infanzia, oltre questi impulsi biologici di base abbiamo purtroppo poche capacità di mantenere questi rapporti quando cresciamo. L'istinto gioca un ruolo piuttosto piccolo nelle nostre interazioni da adulti. Man mano che maturiamo siamo sempre più coscienti dei devastanti effetti della solitudine. Ci struggiamo per le molte gratificazioni che derivano dall'avvicinarci agli altri.

Ma se non sviluppiamo la nostra conoscenza, ci mancano gli strumenti per unirci nell'amore. Quindi continuiamo a incappare in situazioni dolorose una dietro l'altra, emergendone con ferite profonde e difficili da cicatrizzare, con poca più conoscenza o raffinatezza, più cauti, meno vulnerabili e più restii a dare la nostra fiducia di nuovo.

Altri di noi mettono il buon esito delle nostre relazioni nelle mani dell'amore. Con in testa solo un vago e romantico concetto di cosa vuol dire «amore», ci aspettiamo che risolva tutto. Vogliamo a ogni costo credere che l'amore risolva i problemi interpersonali, appiani le divergenze, dissolva le paure e la rabbia, spazzi via i conflitti e, circondandoci con forza e calore, ci porti all'eterna beatitudine. Questa, come aspettare che il nostro istinto ci guidi, non è una soluzione soddisfacente. Difatti, metterci nelle mani dell'amore causa molti più problemi che non soluzioni. Avendo amato e perso, la maggior parte di noi è diventata sospettosa. Troppo spesso ci siamo esposti in ciò che credevamo essere un vero sentimento, per poi indietreggiare spaventati di fronte al suo potere di creare tiranni e causarci dolore. Perfino quando l'amore è perfetto non è la soluzione totale di un rapporto.

Per complicare ulteriormente la situazione, la maggior parte di noi è stata educata a credere che la forza stia nell'indipendenza. La società ci dice che dobbiamo costruirci da noi la nostra strada. Questo ci porta a credere che solo quando non dipenderemo più da nessuno potremo dire di aver raggiunto la piena maturità. Consideriamo il *bisogno* come immaturità e la *dipendenza* come debolezza. Abbiamo paura di impegnarci in una storia d'amore, perché potrebbe, pensiamo, distruggere la nostra individualità e la tanto decantata libertà. Così facendo, costruiamo da soli le barriere che ci trattengono da incontri autentici e da quelle unioni profonde che cerchiamo con tutta la forza della nostra disperazione. Questo è senz'altro un paradosso curioso. Da un lato presi a mantenere libertà e indipendenza, dall'altro tremendamente bisognosi di affetto e intimità, ci sforziamo di risanare questa frattura nell'amore. Ma le nostre necessità, contrapposte a preconcetti sbagliati, causano problemi sempre più complicati che, alla fine, ci lasciano frustrati, vuoti e incompresi persino a noi stessi.

È vero che tutti siamo soli. Questa consapevolezza è devastante per molti di noi. Eppure, è un fatto. Entriamo in questo mondo da soli e, non importa quante persone ci amino, moriremo da soli. Nel frattempo dovremo crescere da soli, prendere da soli decisioni che riguardano noi stessi e che determineranno la nostra evoluzione e il nostro cambiamento, da soli. Quasi tutti sentiamo un crescente senso di solitudine per tutta la vita.

Nel libro *Pairing* (Accoppiarsi), Bach e Deutsch descrivono questo processo in un modo molto acuto quando dicono:

Milioni di uomini e donne si struggono per un amore profondo e non lo trovano... notte dopo notte, giorno dopo giorno, si inseguono, allo stesso tempo cacciatori e prede. Vagano per i bar e i club per persone sole, le discoteche, gli alberghi, le crociere e i viaggi di fine-settimana... Vestiti, pettinati e profumati per il rito, i più audaci si lanciano e i timidi guardano, sognano e aspettano. Quindi, salvo rare eccezioni, ognuno se ne torna a casa, se non a mani vuote almeno a cuore vuoto... Altri hanno vite piene, o addirittura affollate, di gente, o dedicate a una persona importante che vedono regolarmente, con cui dormono o vivono. Eppure anche la maggior parte di questi provano un senso di isolamento interiore... Perché, si chiedono, si sentono soli? Perché la vecchia ansia persiste?

L'amore e la vita di relazione aiutano a rendere la coscienza della solitudine più tollerabile. Le braccia di una madre che reggono il neonato attenuano l'impatto del trauma della nascita, così come la mano calda che, più tardi nella vita, tocca la nostra dandoci il coraggio necessario per affrontare il dolore. Attraverso la crescente scoperta di se stessi e l'impegno verso gli altri alleggeriamo il nostro isolamento.

Quindi, per finire, dobbiamo accettare la responsabilità del nostro successo o fallimento nell'emergere dalla solitudine e nell'unirci con amore. Non possiamo fidarci dell'istinto o contare sulla grande passione. L'unica speranza sta in una seria valutazione dei nostri rapporti. Dobbiamo cercare di capire meglio chi siamo, chi è l'altro, e quali sono le dinamiche necessarie per tenerci insieme.

Le nostre vite sono schemi intricati di relazioni nelle quali le nostre motivazioni, i nostri desideri, le nostre convinzioni, i nostri bisogni e i nostri sogni sono legati indissolubilmente gli uni agli altri. In gran parte, noi possiamo conoscere e definire noi stessi come individui attraverso l'esame dei nostri schemi di relazione. Nei primissimi rapporti con genitori e fratelli non avevamo scelta. Dipendevamo da loro perché, in quanto esseri umani, avevamo bisogno di aiuto per un periodo di dipendenza più lungo rispetto a quello di tutte le altre creature. Ma è pur vero che noi uomini siamo fra gli animali che hanno una maggior durata media della vita. Pertanto, nel corso del tempo dobbiamo adattarci a diversi tipi di rapporti per soddisfare nuovi complessi bisogni fisici, sociali, emotivi, di nutrimento, compagnia, erotismo, sicurezza, status, crescita.

Quindi, per accogliere un altro nella nostra vita con amore, dobbiamo essere pronti a rinunciare a certe caratteristiche distruttive. Per esempio:

- Il bisogno di avere sempre ragione.
- Il bisogno di essere primi in tutto.
- Il bisogno di mantenere il controllo in tutte le situazioni.
- Il bisogno di essere perfetti.
- Il bisogno di essere amati da tutti.
- Il bisogno di possedere.
- Il bisogno di essere liberi da conflitti e frustrazioni.
- Il bisogno di cambiare gli altri per sopperire ai nostri bisogni.
- Il bisogno di manipolare gli altri.
- Il bisogno di dare la colpa a qualcuno.
- Il bisogno di dominare.

Non è sorprendente che persino i più sani fra noi abbiano problemi di relazione. Quando due o più individui si avvicinano l'uno all'altro, anche spontaneamente e con amore, il processo di unione, soprattutto se destinato a durare, sarà tremendamente complicato. Equilibrio e sicurezza saranno minacciati. Cambiamenti e nuovi modelli di comportamento saranno necessari. A seconda del nostro livello di esperienza, della nostra capacità di adattamento e dei nostri bisogni, reagiremo in modo diverso a ciò che ci viene richiesto.

Ci sono varie strategie che possiamo adottare per affrontare questi problemi.

- Possiamo negare che esistano.
- Possiamo renderci conto che esistono ma evitare di fare qualcosa per risolverli.
- Possiamo prenderli di petto e continuare a conviverci.
- Possiamo considerarli irreversibili e rompere il rapporto.

Oppure:

- Possiamo considerarli come una sfida dalla quale trarre profitto, e renderci conto che, nel corso del tempo, più impareremo a risolvere le difficoltà di relazione, maggiore sarà la nostra capacità di amarci reciprocamente.

Si spera che la maggior parte di noi accetterà quest'ultima possibilità.

Postilla bibliografica

Noi diventiamo, in un certo senso, una parte di tutto ciò che ci circonda. Persone, circostanze ed eventi ci influenzano al punto che spesso non ci accorgiamo di quanto sia importante il loro ruolo nel nostro modo di comportarci e di pensare.

Negli ultimi anni, insieme a molte altre esperienze, i seguenti libri hanno cambiato il mio modo di vedere il mondo e di agire al suo interno; li cito qui per coloro che desiderano continuare a crescere insieme a me nella comprensione e nell'amore.

Albee, Edward, *The American Dream* (Il sogno americano), Coward-McCann, New York 1960.
Una pseudocommedia su valori e comportamenti artificiali nella nostra società.

Augsburger, David, *Caring Enough to Forgive: True Forgiveness/Caring Enough to Not Forgive: False Forgiveness* (Voler bene abbastanza per perdonare: il vero perdono/Voler bene abbastanza per non perdonare: il falso perdono), Regal Books, Ventura, California, 1981.
Da non perdere: un lavoro decisivo e sapiente sul perdono. Affronta con molta forza argomenti quali il torto e la riaffermazione, il pentimento e il non badare alle offese subite, per tornare insieme in pace e amore.

Augsburger, David, *The Freedom of Forgiveness* (La libertà del perdono), Moody Press, Chicago, Illinois, 1973.

Questo e il precedente libro dell'autore formano le basi del miglior lavoro che ho letto su dinamiche e tecniche del perdono.

Bach, George e Deutsch, Ronald, *Pairing* (Accoppiarsi), Avon Books, New York 1970.
Un ottimo lavoro sull'arte sottile di muoversi insieme agli altri.

Beecher, Marguerite e Willard, *The Mark of Cain* (Il marchio di Caino), Harper and Row, New York 1971.
Un libro profondo e importante sulla gelosia: il suo significato e i suoi effetti.

Berne, Eric, *Games People Play*, Grove Press, New York 1964. Trad it. *A che gioco giochiamo*, Bompiani, Milano 1967.
Il lavoro principale sull'analisi transazionale (psicologia transpersonale). Una discussione rivelatoria sui giochi che gioca la gente, sul come e il perché.

Bernstein, Leonard, *Candide* (Candido), Amberson Enterprises, New York 1976.
Un'operetta comica tratta dalla satira di Voltaire. In modo creativo e anticonformista tocca temi quali la stupidità umana, l'adattabilità, la sopravvivenza, i rapporti e l'amore. Una delizia!

Bloomfield, Harold e Felder, Leonard, *Making Peace With Your Parents* (Fare la pace coi vostri genitori), Random House, New York 1983.
Un lavoro molto leggibile sulla ricostruzione dei ponti fra noi e coloro che amiamo.

Branden, Nathaniel, *The Psychology of Romantic Love* (La psicologia dell'amore romantico), J.P. Tarcher, New York 1980.
Un'opera molto apprezzata e riconosciuta che verte sul complesso meccanismo del perché e come ci innamoriamo e offre alcune idee stimolanti su come far funzionare l'amore.

Bresler, David con Richard Trubo, *Free Yourself From Pain* (Liberatevi dal dolore), Simon and Schuster, New York 1979.
Un esperto di stress e dolore ci aiuta a imparare nuovi modi di curarci da soli.

Bristol, Goldie con Carol McGinnis, *When It's Hard to Forgive*

(Quando perdonare è difficile), Victor Books, Wheaton, Illinois, 1982.
La drammatica storia di una coppia che, davanti a un terribile dolore, ha trovato la propria redenzione nel perdono.

Buber, Martin, *I and Thou* (Io e te), Scribner, New York 1970.
Un libro piuttosto difficile che tratta dei valori della comunicazione amorosa e propone un valido messaggio esistenziale di alta spiritualità e d'amore.

Clanton, Gordon e Lynn G. Smith, *Jealousy* (La gelosia), Prentice Hall, Englewood Cliffs, New Jersey, 1977.
Un'esperienza preziosa per coloro ai quali interessano la gelosia e le sue cause, i lati positivi e negativi dell'esser gelosi e cosa si può fare in proposito.

Colton, Helen, *The Gift of Touch: How Physical Contact Improves Communication, Pleasure and Health*, (Il dono del tatto: come il contatto fisico migliora comunicazione, piacere e salute), Putnam Publishing Group, New York 1983.
Helen Colton è diventata uno dei massimi esperti ed esponenti di come creare l'intimità attraverso il contatto fisico.

Cousins, Norman, *Human Options* (Le opzioni umane), Berkley Books, New York 1981.
Una selezione degli scritti dell'autore per la «Saturday Review» su argomenti quali educazione, sopravvivenza, apprendimento, creatività, guarigione e libertà.

Dunn, David, *Try Giving Yourself Away* (Provate a regalare voi stessi), Prentice Hall, Englewood Cliffs, New Jersey 1970.
Una guida per dividere se stessi con gli altri in modo più ampio e ricco, per l'evoluzione di tutti i protagonisti del rapporto.

Faulkner, William, *Essays, Speeches and Public Lectures* (Saggi, discorsi e conferenze), Random House, New York 1965.
Da consultare.

Fromme, Allan, *The Ability to Love* (La capacità di amare), Wilshire Book Company, North Hollywood, California, 1965.
Un libro interessante sulle espressioni d'amore: su come si crea e si manifesta nella vita quotidiana.

Gould, Roger, *Transformations* (Trasformazioni), Simon and Schuster, New York 1978.
Un lavoro eccellente che esplora le diverse fasi che le persone attraversano dalla nascita, all'infanzia, al matrimonio, a una maturità creativa, fino alla morte. Sottolinea il valore del lutto e del disagio che attraversiamo quando, abbandonati i bisogni infantili, procediamo verso l'età adulta.

Humphrey, Nicholas, *The Bronowski Memorial Lectures, «Four Minutes to Midnight»* (Le conferenze in memoria di Bronowski, «Quattro minuti a mezzanotte»), in «The Listener», 29 ottobre 1981. BBC Publications, Marylebone, High Street, London.
Da consultare.

Hyers, Conrad, *Zen and the Comic Spirit* (Lo Zen e lo spirito comico), Westminster Press, Philadelphia, Pennsylvania, 1973.
Uno dei rari ed eccellenti studi sulla gioia, lo spirito comico e il riso.

Jampolsky, Gerald, *Love is Letting Go of Fear* (Amore è abbandonare la paura), Celestial Arts, Berkeley, California, 1979.
Un breve libro basato sul seminario tenuto dall'autore, dal titolo «Miracoli», che ci aiuta a capire che la paura ci tiene lontani dall'amore. Vengono suggeriti modi per abbandonare la paura e accogliere al suo posto sentimenti più positivi.

Liebman, Joshua Loth, *Hope for Man* (Speranza per l'uomo), Simon and Schuster, New York 1966.
Un'opera molto ottimistica che comprende la vita e le sue sfide. Affronta temi come l'amore, il coraggio, la felicità e quella maturità che dipende dalla sicurezza interiore.

Lindbergh, Anne Morrow, *Gift From the Sea* (Il regalo del mare), Pantheon Book, New York 1955.
Un'opera classica sulla liberazione della mente e dello spirito che si avvale dell'esperienza dell'autrice col mare come una grande metafora.

Lyon, Harold, *Tenderness is Strength* (La tenerezza è forza), Harper and Row, New York 1977.
Un libro meraviglioso che offre profonde intuizioni su amore, rischio e crescita. Leggibile, divertente e utile.

May, Rollo, *Love and Will*, W.W. Norton and Co., New York 1969. Trad. it. *L'amore e la volontà*, Astrolabio, Roma.
Un classico per coloro fra noi che sono interessati alle dinamiche dell'amore umano.

Mead, Margaret, *Coming of Age in Samoa* (Diventare adulti a Samoa), William Morrow & Company, New York 1971.
Per una ricerca generale alle radici della cultura e del comportamento umano. È stato di recente criticato dalla comunità antropologica ma rimane, nonostante tutto, un libro di valore.

Merton, Thomas, *Love and Living* (Amore ed esistenza), Bantam Publishing, New York 1980.
Uno dei libri più interessanti di Merton, pubblicato dieci anni dopo la sua morte. Tratta argomenti appassionanti come imparare a vivere, essere coscienti, apprezzare la solitudine e capire la morte, il messaggio cristiano e l'amore.

Mindess, Harvey, *Laughter and Liberation* (Il riso e la liberazione), Nash Publications, Los Angeles, California, 1971.
Un lavoro superbo sugli effetti liberatori dell'umorismo e del riso.

Montagu, Ashley e Floyd Matson: *The Human Connection*, McGraw-Hill, New York 1979. Trad. it. *I linguaggi della comunicazione umana*, Sansoni, Firenze 1981.
Un classico nel campo della comunicazione umana. Uno sguardo acuto sul nostro modo di avvicinarci, toccarci e interagire. Gli autori ci offrono la loro comprensione profonda sull'amore – definito come la «connessione umana fondamentale».

Montagu, Ashley, *Touching: The Human Significance of the Skin*, Columbia University Press, New York 1971. Trad. it. *Il tatto*, Garzanti, Milano 1975.
Una della opere decisive sull'importanza del toccarsi. Qui Montagu, antropologo e filantropo, spiega che toccarsi è un bisogno essenziale per l'evoluzione e la sopravvivenza.

Moody, Raymond, *Laugh After Laugh* (Risata su risata), Headwaters Press, Stanton, Virginia, 1978.
Uno dei rari lavori sul «potere curativo della risata». Esplora il rapporto del senso dell'umorismo con le questioni di salute e malattia.

Anche se è un medico, Moody critica la sua categoria per la scarsa considerazione dimostrata nei riguardi del senso dell'umorismo, e la sua capacità innata di aiutarci nel processo della guarigione.

Morris, Desmond, *Intimate Behaviors*, Random House, New York 1971. Trad. it. *Il comportamento intimo*, Mondadori, Milano 1972.
Un libro eccellente, molto raccomandabile e leggibilissimo. Morris parla delle mille sfaccettature dell'intimità e delle loro relazioni con il comportamento umano.

Moustakas, Clark, *Creative Life* (Vita creativa), Van Nostrand Reinhold Co., New York 1977.
Un testo molto ben scritto sulle gioie di una vita creativa e pienamente realizzata.

Piaget, Jean, *The Moral Judgement of the Child*, Free Press, New York 1966. Trad. it. *Il giudizio morale nel fanciullo*, Giunti-Barbera, Firenze.
Da consultare.

Rogers, Carl, *Becoming Partners: Marriage and Its Alternatives*, Delacorte Press, New York 1973. Trad. it. *Partners. Il matrimonio e le sue alternative*, Astrolabio, Roma.
Un lavoro eccellente e molto leggibile di uno dei maggiori psicologi. Uno sguardo profondo e percettivo sul matrimonio moderno e le sue alternative.

Roosevelt, Eleanor, *You Learn by Living* (S'impara vivendo), Westminster Press, Philadelphia, Pennsylvania, 1983.
La visione della vita e dell'amore, molto saggia, umana e preziosa, di una donna affettuosa e percettiva.

Rubin, Theodore Isaac, *Compassion and Self Hate* (Compassione e odio di sé), McKay Company, New York 1975.
Il libro meditato di un attento psichiatra che ci sfida ad abbandonare sogni di perfezione e comportamenti degradanti, e a smettere di essere il nostro peggior nemico.

Rubin, Theodore Isaac, *Reconciliation* (Riconciliazione), The Viking Press, New York 1980.

Lo psichiatra Theodore Rubin descrive lo stile di vita autodistruttivo di molti fra noi e raccomanda, al suo posto, una sorta di «vitalità tranquilla». Tratta dei rapporti interpersonali, di quando vale la pena di mantenerli e di quando invece è meglio interromperli. Suggerisce modi per trovare la pace interiore.

Rubin, Theodore Isaac, *One to One* (Uno a uno), Thc Viking Press, New York 1983.
Un ottimo lavoro sull'arte sottile delle relazioni umane: come gestirle e crescere attraverso di loro.

Schoenfeld, Eugene, MD, *Jealousy, Taming the Green-Eyed Monster* (Gelosia: addomesticare il mostro dagli occhi verdi), Holt, Rinehart and Winston, New York 1979.
Uno sguardo sapiente sulla gelosia dall'infanzia all'età adulta: a come è programmata e all'effetto che produce sulle persone. Include metodi per tener testa alla gelosia, sia temporanea che duratura.

Swanson, Donna, *Mind Song* (La canzone della mente), Upper Room, Nashville, Tennessee, 1978.
Poesie molto leggibili e dense di significato che parlano della vita, dell'amore e di come vivere.

Viscott, David, *How to Live with Another Person* (Come vivere con un'altra persona), Arbor House, New York 1974.
Una delle guide più pratiche alla vita con un altro in pace e amore.

Viscott, David, *Risking* (Rischiare), Simon and Schuster, New York 1977.
Un approccio pieno di buon senso al tema del vivere rischiando. Lo psichiatra Viscott aiuta il lettore a rischiare senza paura. Offre modi per affrontare l'ignoto con senso dell'avventura invece che preoccupandosi.

Watson, Lillian, *Light From Many Lamps* (Luce da molte lampade), Simon and Schuster, New York 1951.
Una collezione di saggi ispirati di alcuni dei migliori esseri umani e filosofi del mondo.

West, Uta, *If love is the Answer, What is the Question?* (Se l'amore è la risposta, qual è la domanda?), McGraw-Hill, New York 1977.
Un testo, facile e abile ma non superficiale, sull'amore.

Wolk, Robert L. e Henley, Arthur, *The Right to Lie* (Il diritto di mentire), Peter H. Wyden, New York 1970.
Un'occhiata interessante e stimolante alla menzogna.

Wyse, Lois, *Lovetalk* (Discorso d'amore), Doubleday, Garden City, New York, 1973.
Lovetalk ha per sottotitolo «Come dire quello che intendi alla persona che ami». È una bellissima collezione di poesie che trattano della nostra incapacità di esprimere l'amore e spiegare i nostri sentimenti più profondi. È dedicata a coloro che vogliono entrare nell'intimo della vita amorosa.

Per ulteriori ragguagli su questi argomenti, si veda anche la bibliografia alla fine del mio libro *Personhood*.

Ringraziamenti

Desidero qui ringraziare per il permesso accordatomi alla riproduzione di alcuni brani tratti dai seguenti libri.

David Augsburger, *Caring Enough to Not Forgive*, Regal Books, Ventura 1981.

Marguerite e Willard Beecher, *The Mark of Cain*, Harper and Row, New York 1971.

David Bresler, *Free Yourself From Pain*, Simon & Schuster, New York 1979.

Goldie Bristol e Carol McGinnis, *When It's Hard to Forgive*, Victor Books, Wheaton 1982.

Helen Colton, *The Gift of Touch: How Physical Contact Improves Communication, Pleasure and Health*, Putnam Publishing Group, New York 1983.

William Faulkner, *Essays, Speeches and Public Lectures*, Random House, New York 1965.

Allan Fromme, *The Ability to Love*, Farrar, Straus & Giroux, New York.

Roger L. Gould, *Transformations*, Simon & Schuster, New York 1978.

Joshua Loth Liebman, *Hope to Man*, Simon & Schuster, New York 1966.

Anne Morrow Lindbergh, *Gift From the Sea*, Random House, New York 1955 (© 1975 dell'autore).

Harold Lyon, *Tenderness Is Strength*, Harper and Row, New York 1977.

Rollo May, *Love and Will*, W.W. Norton and Co., New York 1969.
Ashley Montagu e Floyd Matson, *Human Connections*, McGraw-Hill, New York 1979.
Desmond Morris, *Intimate Behavior*, Random House, New York 1971.
Clark Moustakas, *Creative Life*, Van Nostrand Reinhold Company, New York 1977.
Theodore Rubin, *One to One*, Viking Press, New York 1983.
Donna Swanson, *Mind Song*, Upper Room, Nashville 1978.
David Viscott, *How to Live with Another Person*, Arbor House Publishing Company, New York 1974.
Robert Wolk, *The Right to Lie*, The David McKay Co., New York 1970.
Lois Wyse, *Lovetalk*, Doubleday, New York 1973.

Indice

OSCAR BESTSELLERS

Follett, Il Codice Rebecca
Follett, L'uomo di Pietroburgo
Ludlum, Il treno di Salonicco
Cruz Smith, Gorky Park
Krantz, La figlia di Mistral
Forsyth, Il giorno dello sciacallo
Follett, Triplo
Follett, La cruna dell'Ago
Tacconi, La verità perduta
Fruttero & Lucentini, Il palio delle contrade morte
Follett, Sulle ali delle aquile
Forsyth, Il Quarto Protocollo
De Crescenzo, Così parlò Bellavista
Forsyth, L'alternativa del diavolo
Robbins, Ricordi di un altro giorno
Forsyth, Dossier Odessa
Lapierre - Collins, Il quinto cavaliere
Forsyth, I mastini della guerra
Bevilacqua, Il Curioso delle donne
Fruttero & Lucentini, A che punto è la notte
Agnelli, Vestivamo alla marinara
Lapierre - Collins, «Parigi brucia?»
Lapierre - Collins, Gerusalemme! Gerusalemme!
Tacconi, Lo schiavo Hanis
De Crescenzo, Storia della filosofia greca. I presocratici
De Crescenzo, Storia della filosofia greca. Da Socrate in poi
Lapierre - Collins, Alle cinque della sera
Bevilacqua, La Donna delle Meraviglie
Krantz, Conquisterò Manhattan
Fruttero & Lucentini, L'amante senza fissa dimora
Follett, Un letto di leoni
Lapierre - Collins, Stanotte la libertà
Pilcher, I cercatori di conchiglie
Russo, Uomo di rispetto
Manfredi, Lo scudo di Talos
Harris T., Il silenzio degli innocenti
Le Carré, La spia perfetta
De Crescenzo, Oi dialogoi
Bevilacqua, Una città in amore
Follett, Lo scandalo Modigliani

Rutherfurd, Sarum
James P.D., Un lavoro inadatto a una donna
Wood, Verde città nel sole
Forsyth, Nessuna conseguenza
Follett, Alta finanza
Le Carré, La tamburina
Wolfe, Il falò delle vanità
De Carlo, Due di due
Bevilacqua, Una misteriosa felicità
Pilcher, La tigre che dorme
Forsyth, Il negoziatore
Bevilacqua, La grande Giò
De Crescenzo, Vita di Luciano De Crescenzo scritta da lui medesimo
Turow, Presunto innocente
Manfredi, Palladion
Krantz, Fino al prossimo incontro
Ellroy, Dalia nera
Williams T., Il canto di Acchiappacoda
Neville, Il segreto del Millennio
Pilcher, Sotto il segno dei Gemelli
Cruz Smith, Stella polare
Bevilacqua, Il viaggio misterioso
Pilcher, La casa vuota
McBain, Un'ombra sulla spiaggia
James P.D., La torre nera
Tacconi, La Signora di Atlantide
Ellroy, Il grande nulla
Asimov, Nemesis
James P.D., Una notte di luna per l'ispettore Dalgliesh
Manfredi, L'oracolo
Bevilacqua, La festa parmigiana
Katzenbach, Facile da uccidere
James P.D., Per cause innaturali
Pilcher, I giorni dell'estate
McBain, Tre topolini ciechi
Grisham, Il momento di uccidere
Bevilacqua, Il gioco delle passioni
Le Carré, La talpa
Bevilacqua, Una scandalosa giovinezza
Ellroy, L.A. Confidential
James P.D., Copritele il volto
Le Carré, Tutti gli uomini di Smiley
Le Carré, Lo specchio delle spie
Fruttero & Lucentini, Enigma in luogo di mare
Turow, L'onere della prova
Pilcher, Autoritratto
Forsyth, Il simulatore
De Crescenzo, Elena, Elena, amore mio
Sgorlon, Il guaritore
De Crescenzo, Zio Cardellino
Sgorlon, La conchiglia di Anataj
Bergonzoni, Le balene restino sedute
Cacucci, Puerto Escondido
Pilcher, Settembre
Gallmann, Sognavo l'Africa
Wood, Il tempo dei sogni
James P.D., Un indizio per Cordelia Gray
Cornwell, Oggetti di reato
Ellroy, Le strade dell'innocenza
Grisham, Il rapporto Pelican
Follett, Notte sull'acqua
Ellroy, Perché la notte
Bevilacqua, Umana avventura
Pilcher, Neve d'Aprile

Simmons, Hyperion
Sclavi, Sogni di sangue
Asimov, Viaggio allucinante
Brooks, La spada di Shannara
James P.D., Una mente per uccidere
McBain, Vedove
Castellaneta, Villa di delizia
Sclavi, Tre
Brooks, Le pietre magiche di Shannara
Harris R., Fatherland
Muhsen, Vendute!
Sgorlon, La foiba grande
Brooks, L'unicorno nero
Tacconi, Masada
Franceschini - Buffa - Giustolisi, Mara Renato e io
Cardella, Volevo i pantaloni
Brooks, Il magico regno di Landover
Du Maurier, Rebecca la prima moglie
Charrière, Papillon
Brooks, La canzone di Shannara
Zecchi, Estasi
James P.D., Sangue innocente
Pilcher, Fiori nella pioggia
Pilcher, Voci d'estate
Ellroy, La collina dei suicidi
Sgorlon, Racconti della Terra di Canaan
Grisham, Il socio
Brooks, La regina degli Elfi di Shannara
Le Carré, La pace insopportabile
Rutherfurd, Russka
Rushdie, I versi satanici
Sclavi, Apocalisse
Ruesch, Paese dalle ombre lunghe
Brooks, Il druido di Shannara
Pilcher, Il giorno della tempesta
D'Orta, Io speriamo che me la cavo
Harris T., Drago rosso (Il delitto della terza luna)
James P.D., Un gusto per la morte
Brooks, Mago a metà
Bergonzoni, È già mercoledì e io no
Cornwell, Quel che rimane
Le Carré, Ingenuo e sentimentale amante
Rendell, Il mistero della brughiera
Sgorlon, La carrozza di rame
Brooks, Gli eredi di Shannara
Pilcher, Profumo di timo
Rendell, Il volto del peccato
Bevilacqua (a cura di), I grandi della risata
Castellaneta, Cerchi nell'acqua
D'Eramo, Ultima luna
Lapierre, Più grandi dell'amore
De Crescenzo, Croce e delizia
Le Carré, Un delitto di classe
Sgorlon, Il patriarcato della luna
Rendell, Oltre il cancello
Bevilacqua, Un cuore magico
Le Carré, Chiamata per il morto
Turow, Harvard, Facoltà di legge
D'Orta, Dio ci ha creato gratis
Hoving, Tutankhamon
Sgorlon, Il Caldèras

Dolto, Adolescenza
Weis - Hickman, La stella degli elfi
Dolto, Quando i genitori si separano
Angela - Pinna, Oceano
Williams M., La leggenda di Weasel
Buscaglia, La coppia amorosa
Pasini, Intimità
Schelotto, Strano, stranissimo, anzi normale
Parsi, I quaderni delle bambine
Buscaglia, Amore
Dolto, Come allevare un bambino felice
Allegri, Padre Pio
Asimov, Destinazione cervello
Asimov, Cronache della Galassia
Asimov, Il tiranno dei mondi
Silvestri, Caporetto
Mandruzzato, Il piacere del latino
Asimov, Tutti i racconti (vol. I, parte I)
Heinlein, Fanteria dello spazio
Asimov, Il sole nudo
Asimov, L'orlo della Fondazione
Asimov, Lucky Starr e gli anelli di Saturno
Spinosa, Edda. Una tragedia italiana
Gibson, Monna Lisa Cyberpunk
Sgarbi, Onorevoli fantasmi
Curcio - Scialoja, A viso aperto
Brooks, I talismani di Shannara
Greer, La seconda metà della vita
D'Orta, Romeo e Giulietta si fidanzarono dal basso
Utley, Toro Seduto
Rocca, Avanti, Savoia!
Ellroy, White Jazz
Durrani, Schiava di mio marito
Cornwell, Postmortem
Asimov, La fine dell'eternità
Grisham, Il cliente
Vacca, Medioevo prossimo venturo
Asimov, Tutti i racconti (vol. I, parte II)
Pilcher, La camera azzurra
Regan, Il Guinness dei fiaschi militari
Resca - Stefanato, Scoppia il maiale, ferito un contadino
Chang, Il Tao dell'amore
Sterling, Cronache del basso futuro
Turow, Ammissione di colpa
Asimov, Il meglio di Asimov
Sclavi, Tutti i misteri di Dylan Dog
Cruz Smith, Red Square
Sclavi, Tutti gli incubi di Dylan Dog
Gibson, La notte che bruciammo Chrome
Campbell, Il racconto del mito
Sgorlon, Il trono di legno
Pasini, Volersi bene, volersi male
Motta (a cura di), Vita di padre Pio attraverso le lettere
Asimov, Preludio alla Fondazione
Zavoli, La notte della Repubblica
De Crescenzo, Raffaele
Asimov, Il paria dei cieli
Asimov, Il crollo della Galassia centrale

Asimov, Fondazione e Terra
Asimov, I robot dell'alba
Asimov, Abissi d'acciaio
Asimov, Il club dei Vedovi Neri
Pasini, La qualità dei sentimenti
McBain, Mary Mary
Forattini, Bossic Instinct
Gibson - Sterling, La macchina della realtà
Angela, La straordinaria storia della vita sulla Terra
Della Pena, Stupidario giuridico
Wood, Vergini del Paradiso
Gibson, Giù nel Ciberspazio
Dolto, Il desiderio femminile
Vespa, Telecamera con vista
Angela, La straordinaria storia dell'uomo
Tacconi, Il pittore del Faraone
Forattini, Il mascalzone
Brooks, Il ciclo di Shannara
Venè, Mille lire al mese
Monduzzi, Manuale per difendersi dalla mamma
Asimov, Azazel
Mafai, Pane nero
Asimov, Lucky Starr e gli oceani di Venere
Asimov, Il libro di biologia
Asimov, Lucky Starr e il grande sole di Mercurio
Gies, Si chiamava Anna Frank
Bonelli - Galleppini, Tex l'implacabile
Asimov, I robot e l'Impero
Rea, Ninfa plebea
Olivieri, Hotel Mozart
Pasini, Il cibo e l'amore
Forsyth, Il pugno di Dio
Follett, Una fortuna pericolosa
Nolitta - Ferri, Zagor contro il Vampiro
Masini, Le battaglie che cambiarono il mondo
Pilcher, Le bianche dune della Cornovaglia
Sclavi - Castelli, Dylan Dog & Martin Mystère
Asimov, Il libro di fisica
Irving, Göring, il maresciallo del Reich
Sclavi, Tutti i mostri di Dylan Dog
Asimov, Le correnti dello spazio
Asimov, Neanche gli Dèi
Asimov, L'altra faccia della spirale
Buscaglia, Nati per amare
Ka-Tzetnik 135633, La casa delle bambole
Loy, Sogni d'inverno
Zecchi, Sillabario del nuovo millennio
Grisham, L'appello
Zimmer Bradley (a cura di), Storie fantastiche di spade e magia (vol. I)
Castellaneta, Le donne di una vita
Resca - Stefanato, Il ritorno del maiale
Sgorlon, Il regno dell'uomo
McBain, Kiss
Asimov, Tutti i racconti (vol. II, parte I)
Asimov, Tutti i racconti (vol. II, parte II)
Rendell, La morte non sa leggere

Manfredi, Le paludi di Hesperia
Di Stefano, Stupidario medico
Daniele, Chi è felice non si ammala
Sgorlon, La fontana di Lorena
Zimmer Bradley (a cura di), Storie fantastiche di spade e magia (vol. II)
Vespa, Il cambio
Olivieri, Piazza pulita
Petacco, La Signora della Vandea
Schelotto, Una fame da morire
Sgarbi, Le mani nei capelli
Disegni, Esercizi di stile
Sgorlon, L'armata dei fiumi perduti
Asimov, Lucky Starr, il vagabondo dello spazio
Fromm, L'arte di amare
García Márquez, Dell'amore e di altri demoni
Buscaglia, La via del toro
Olivieri, Villa Liberty
Thompson, L'angelo bruciato
Katzenbach, La giusta causa
Castellaneta, Progetti di allegria
Olivieri, Maledetto ferragosto
Rendell, I giorni di Asta Westerby
Allegri, I miracoli di Padre Pio
Forattini, Il garante di Lady Chatterley
Brooks, La sfida di Landover
Brooks, La scatola magica di Landover
Bocca, Il sottosopra
Follett, I pilastri della terra
Buscaglia, Vivere, amare, capirsi
Giussani, I mille volti di Diabolik
Sgorlon, Il costruttore
Le Carré, Il direttore di notte
Sclavi, Tutte le donne di Dylan Dog
Lapierre, La città della gioia
García Márquez, Taccuino di cinque anni 1980-1984
Høeg, Il senso di Smilla per la neve
Bonelli - Galleppini, Tex, Sangue Navajo
Carr, L'alienista
Zorzi, Il Doge
Olivieri, La fine di Casanova
Lovett, Legami pericolosi
Nasreen, Vergogna (Lajja)
Madre Teresa, Il cammino semplice
Dick, Memoria totale
Rendell, La leggerezza del dovere
Regan, Il Guinness dei fiaschi militari 2
Bonelli - Galleppini, Tex. Città senza legge
Castellaneta, La città e gli inganni
Krantz, Amanti
Dolto, I problemi dei bambini
Weis - Hickman, La mano del caos
James P.D., Morte sul fiume
Grisham, L'uomo della pioggia
Lagostena Bassi, L'avvocato delle donne
Pasini, A che cosa serve la coppia
Buscaglia, Autobus per il Paradiso
De Filippi, Amici
Salvatore, Il mago di Azz
Vespa, Il duello

Cornwell, Insolito e crudele
Madre Teresa, La gioia di darsi agli altri
MacBride Allen, Il calibano di Asimov
Sclavi, La circolazione del sangue
Zavoli, Viva l'Itaglia
Smith, Nell'interesse della legge
Quilici, Il mio Mediterraneo
Boneschi, Poveri ma belli
Forattini, Berluscopone
Rendell, La notte dei due uomini
Friday, Donne sopra
Sgorlon, La poltrona
Monduzzi, Della donna non si butta via niente
Olivieri, L'indagine interrotta
Olivieri, Il caso Kodra
Sgorlon, L'ultima valle
Sclavi, Mostri
Allegri, A tu per tu con Padre Pio
Messaoudi, Una donna in piedi
Schelotto, Certe piccolissime paure
Hyde, Le acque di Formosa
Mafai, Botteghe Oscure, addio
Vergani, Caro Coppi
Curzi, Il compagno scomodo
Hogan, Lo stallo
Follett, Un luogo chiamato libertà
Zecchi, Sensualità
Ellroy, American tabloid
Castellaneta, Porta Romana bella
Asimov, Lucky Starr e le lune di Giove
Asimov, Fondazione anno zero
Gallmann, Il colore del vento
Rota, Curs de lumbard per terùn
Høeg, I quasi adatti
Dick, Il disco di fiamma
Hatier (a cura di), Samsāra
Simmons, I figli della paura
D'Orta, Il maestro sgarrupato
Bevilacqua, Questa specie d'amore
Manfredi, La torre della solitudine
Katzenbach, Il carnefice
Le Carré, La passione del suo tempo
Olivieri, Madame Strauss
Sclavi, Tutti i demoni di Dylan Dog
Bonelli - Galleppini, Tex. I figli della notte
Medda, Serra & Vigna, Nathan Never. I killer del futuro
Madre Teresa, La gioia di amare
Giussani, Diabolik. Le rivali di Eva
Gallmann, Notti africane
Cotroneo, Presto con fuoco
Isaacs, Ora magica
AA.VV., 25 storie di magia nera per adulti
Rendell, La morte mi ama
McBain, Romance
Fosnes Hansen, Corale alla fine del viaggio
Rossi, Diario di bordo del Capitano
De Crescenzo, Panta rei
Rushdie, L'ultimo sospiro del Moro
Asimov, Lucky Starr e i pirati degli Asteroidi
Weis - Hickman, L'ala del drago
Nolitta, Mister No. Inferno verde e magia nera
Castelli, I mondi impossibili di Martin Mystère

De Crescenzo, Il dubbio
Milsted, Il Guinness delle gaffe
Cornwell, La fabbrica dei corpi
Bevilacqua, I sensi incantati
Augias, I segreti di Parigi
Bocca, Il viaggiatore spaesato
Olivieri, Il Dio danaro
Dolto, Solitudine felice
Evangelisti, Il mistero dell'inquisitore Eymerich
Dujovne Ortiz, Evita
Harris, Enigma
Brooks, Il primo re di Shannara
Vespa, La svolta
Forattini, Il forattone
Allegri, Il catechismo di Padre Pio
Rota, Padania fai da te
Schelotto, Perché diciamo le bugie
Follett, Il terzo gemello
Pasini, I tempi del cuore
Rendell, Il tarlo del sospetto
Bevilacqua, Lettera alla madre sulla felicità
Costanzo, Dietro l'angolo
Simmons, La caduta di Hyperion
Di Stefano, Mal cognome mezzo gaudio
Weis - Hickman, La settima porta
Baldacci Ford, Il potere assoluto
Laurentin, Lourdes
Cruz Smith, La rosa nera
Gates, La strada che porta a domani
Spaak, Oltre il cielo
Fruttero & Lucentini, Il nuovo libro dei nomi di battesimo
Forattini, Giovanni Paolo secondo Forattini
McCarthy, Il falconiere
McFarlan - Bishop, Il Guinness dei perché
Forsyth, Icona
Pilcher, Ritorno a casa
García Márquez, Scritti costieri 1948-1952
Volcic, Est
De Crescenzo, Ordine e Disordine
Sgorlon, La malga di Sîr
Maurensig, Canone inverso
De Mello, Chiamati all'amore
Bonelli - Letteri, Tex. El Morisco
Gibson, Aidoru
Angela P. e A., La straordinaria avventura di una vita che nasce
Dalai Lama, Incontro con Gesù
Høeg, La donna e la scimmia
Cardini, L'avventura di un povero crociato
Dolto - Hamad, Quando i bambini hanno bisogno di noi
Sclavi, Tutti gli orrori di Dylan Dog
Simmons, Il canto di Kali
Krantz, Collezione di primavera
Bocca, Italiani strana gente
AA.VV., Tutti i denti del mostro sono perfetti
Giussani, Diabolik. Le grandi evasioni
Citati, La colomba pugnalata
Guccini- Machiavelli, Macaronì
Grisham, La giuria
De Filippi, Amici di sera
Bevilacqua, Anima amante

Sgarbi, Lezioni private 2
Saul, I misteri di Blackstone
Willocks, Re macchiati di sangue
De Crescenzo, Socrate
Iacchetti, Questo sì che è amore
Jackson, Il Guinness dei cos'è
Salvi, Storia della cultura mondiale
Greggio, Chi se ne fut-fut
Høeg, Racconti notturni
Baldacci Ford, Il controllo totale
García Márquez, Notizia di un sequestro
Castelli, I mondi segreti di Martin Mystère
Schelotto, Il sesso, probabilmente
Di Stefano - Buscemi, Signor giudice, mi sento tra l'anguria e il martello
Ravera, Nessuno al suo posto
Knight - Lomas, La chiave di Hiram
Boneschi, La grande illusione
Forattini, Io e il bruco
Alten, Meg
Quilici, Cielo verde
Leroux, Il fantasma dell'Opera
Citati, La luce della notte
Vespa, La sfida
Bonelli - Galleppini, Tex e il figlio di Mefisto
Clancy, Stormo da caccia
Katzenbach, Il Cinquantunesimo Stato
Silva, La spia improbabile
Barbero, Bella vita e guerre altrui di Mr. Pyle, gentiluomo
Regan, Il Guinness delle gaffe reali
Zecchi, L'incantesimo
Fede, Finché c'è Fede
Grisham, Il partner
Rendell, Il segreto della casa
De Crescenzo, Nessuno
Cornwell, Il cimitero dei senza nome
Matheson, Al di là dei sogni
Galli, Gli Agnelli
Milingo, Guaritore d'anime
Bettiza, Esilio
Robertson, Oasis
Sclavi, Non è successo niente
Evangelisti, Cherudek
Di Stefano, Alle sogliole del Duemila
Cornwell, Il nido dei calabroni
Gervaso, I sinistri
Harrer, Sette anni nel Tibet
De Crescenzo, Sembra ieri
Braghetti, Il prigioniero
Jacq, Il faraone nero
Castellaneta, Racconti d'amore
Zadra, Tantra
Messori, Qualche ragione per credere
Blauner, Il nero dell'arcobaleno
Bevilacqua, Gialloparma
Collins M.A., Salvate il soldato Ryan

39853
2002